für Sr. Mechthild

Claudia Sperlich

Lass mich bekennen Deine Mandelblüte

Gedichte

© 2015 Claudia Sperlich
www.kalliopevorleserin.wordpress.com
Einband und Illustratrionen: Doris Kollmann
www.doriskollmann.de

Verlag: tredition GmbH, Hamburg

ISBN
Paperback   ISBN 978-3-7323-1172-9
Hardcover   ISBN 978-3-7323-1173-6
e-Book   ISBN 978-3-7323-1174-3

Printed in Germany

Das Werk, einschließlich seiner Teile, ist urheberrechtlich geschützt. Jede Verwertung ist ohne Zustimmung des Verlages und des Autors unzulässig. Dies gilt insbesondere für die elektronische oder sonstige Vervielfältigung, Übersetzung, Verbreitung und öffentliche Zugänglichmachung.

An Gott	7
Alter Bund	**9**
Schöpfung	9
Kain	10
Lots Weib	11
Batseba	12
Mandelzweig und Eisensäule	14
Israel	14
Suche und Zweifel	**16**
Mit diesem Herzen	16
Verbannung	16
Du aber, Gott	17
Zweierlei	18
Bereitschaft	19
Schlechter Tag	20
Aus der Tiefe	20
Weltzeit	**21**
Bleibendes	21
Gott im Frühling	22
Ecclesia Brandenburgensis	22
Silvester 2014	24
hora incerta	25
Englischer Friedhof	26
Andreæ Gryphii Internet	27
Kirchenjahr	**28**
Bitte im Advent	28
Adventskranz	29
Sehnsuchtsadvent	30
Dezemberwunsch	30
Zwei Gabenbringer	31
Winterkitsch	32
Weihnachtswahrheit	33
Der Wirt	34
Joseph	35
Heimatlos	36
Verklärung des Herrn	38
Mein Fasten	39
Palmarum	40
Palmzweige	41
Stammtisch in Jerusalem	42
Kreuzweg	43
Menschensohn	44
Jerusalemer Klatsch	45
Bar Abbas	46
Nikodemos	47
Mirjam aus Magdala	48
Der Engel am Grab	49
Emmaus	50
Mein Emmaus	51
Kreuzerhöhung	52
Fronleichnam	53
Pfingsten	53
Veni Creator Spiritus	54
Maria, Engel und Heilige	**55**
Maria	55
Assumptio Mariæ	56
Gertraud von Nivelles	57
Johannes	58
Teresia – Edith	59
Monica	60
Hildegardis	61
Erzengel	62
Mein Schutzengel	63
Francesco	64
Hedwig von Andechs	65
Martin von Tours	66
Ach Martin	68
Andreas	69
Apostellied	70
Nikolaos von Myra	71
Zum Nikolaustag	72
Nikolaos bittet	73

Das Stratelatenwunder des Nikolaos	74
Nikolaus und der Betrüger	75
Stephanus	77
Vertrauen	**78**
Credo	78
Vertrauen	79
Liebeslied an Gott	80
Hingabe	81
Mission	81
Seine Wahl, meine Wahl	82
Jesus im Jobcenter	83
Zuversicht	84
Gabe und Gegengabe	84
Allwissend unwissend	86
Erkenntnis	87
Gaben	88
Meines Fußes Leuchte	88
Jesu dulcis præsentia	89
Jeshua ben Dawid	89
Mysterium fidei	90
Gnade und Freiheit	91
Schuld und Umkehr	**92**
Fragen	92
Angstvolles Gebet	93
Kleinmut	93
Zwei Feuer	94
Vernichte meinen Hochmut!	94
Was uns trennt	95
In der Irre	96
Dornen	97
Er hat Gewaltige von den Thronen gestoßen	98
Der eifersüchtige Bruder	100
Mein Friede	100
Jesus Befreier	101
Umkehr	102
Purgatorium	103
Syrien	104
Unkraut und Weizen	105
ISIS	106
Vor dem Angesicht meiner Feinde	107
Du kamst als Sturm	108
Überfall	108
Gottesschrecken	109
Sakramente	**110**
Wandlung	110
Brot und Wein	110
Nach der Beichte	112
Wiederkunft	**113**
Zweifel	113
Wiederkunft	114
Jesus Messias	115
Parusia	116
Unverhüllt	117
Advent 2014	118

An Gott

Ich bitte nicht um Wunder, nicht um Gaben –
es reicht ja, dass Du bist und lebst, mein Leben!
Du wirst mich einst in deinen Frieden heben –
mehr braucht kein Mensch. Mehr muss auch ich nicht haben.

Ich bitte nicht, dass Du den Lauf der Dinge
zu meinen oder andrer Gunsten wandelst
und dem geschaffnen Lauf zuwider handelst –
es wär mir kein Gebet, wenn ich Dich zwinge.

Ich mühe mich um meine kleinen Werke –
wenn es gelingt, tat das nur Deine Stärke.
Aus eigner Kraft kann ich nur gehn, nicht schweben.

Gib mir die Klugheit, Gutes zu erkennen
und lass mich Schlechtes frei beim Namen nennen.
Von dem, was Du mir gibst, lass gern mich geben.

Alter Bund

Schöpfung

Gott hatte geschaffen, Tag um Tag,
Himmel und Erde, Wasser und Luft,
Alge und Wechseltier, Qualle und Fisch,
Blume und Baum, Echse und Rind,
den Mann nach Seinem Inbild.
Der Mann sah umher in Gottes Garten,
der Gott sah auf ihn, bedachte:
Was soll draus werden?
Der hier, klüger als Tiere,
wenn der die Klugheit einmal entdeckt,
wer wird ihn zähmen?
Schlaf ließ Er auf ihn fallen,
machte aus einem Stück seines Leibes
ein anderes Wesen, ähnlich dem Mann,
anders in vielem.
Gott rief die Tiere, damals noch Freunde,
sagte: Beschenkt sie!
Und Eva bekam
vom Mut des Löwen,
von der Geduld des Elefanten,
vom Hasen die Liebe zum Frieden
und von den anderen Blumen.
Der Mann schlief während all diesem.
Als er erwachte, sah er:
Nicht er, der Mann, war als Krone geschaffen –
letztes Geschöpf auf der Leiter vom Chaos zum Licht
war Eva, das Leben, die Frau.

Kain

Er war dem Vater kostbar wie Geschmeide,
Mein Bruder – ja, mit Lämmchen, Milch und Wolle!
Und ich nur Bauer. Lebe von der Scholle.
Ich pflüge, säe, ernte Brotgetreide.

Ich opferte das Korn, das reife, volle –
Bei ihm verbrannten Hammeleingeweide.
Und Gott sah nur auf ihn, nicht auf uns beide!
Befahl Er doch, dass jeder opfern solle!

Ich wollte nur mit meinem Bruder sprechen.
Ich roch verbranntes Fleisch und sah ihn stehen –
Er war so feingemacht und selbstzufrieden!

Da schlug ich zu – und hörte Wirbel brechen.
Und Gott bestraft mich nicht? Er lässt mich gehen?
Ich geh – von allen andern grundverschieden.

Lots Weib

Dreh dich nicht um,
schau nicht zurück,
spricht der Herr.
Aber sie, ohne Namen,
nur „des Lot",
die, immer gehorsam,
die Kinder gebar
ihm, nicht sich,
sie wandte sich um
(nicht ängstliches Blicken
über die Schulter zurück),
drehte sich ganz um,
sah, zum ersten Mal,
andres als Haushalt,
Kinder und Schwatz mit der Nachbarin.
Sah klaren Geistes
Ausbeutung, Mord,
Vergewaltigung ihrer Schwestern,
Gift und Feuer vom Himmel,
erstarrte in Tränen.
Ihr Mann lief fort.

Batseba

Urias Vater sagte meinem Vater:
Gib deine Tochter meinem Sohn!
Und ich, ein Mädchen, wurde des Uria Weib
und lernte, ihn zu lieben. Schön war er
und ich gehorsam, treu und gut.
Uria, Mann, was hab ich dir getan,
daß Krieg dich lockte mehr als ich es tat?

Hätt ich mich weigern können, als
der König mir den Boten schickte,
der mich zu ihm befahl? Der Bote sagte nicht,
warum ich kommen sollte. Unser König
hatte an mir Gefallen. Was kann ich dafür,
was konnte ich dagegen? Ach, es war mir leid,
wenn auch der König schön ist fast wie du,
und du warst fort, so lange schon.

Ich bat den König: Gib doch meinem Mann
den Urlaub, den wir beide so ersehnen.
Ich liebte meinen Mann und schämte mich
und wollte ihm aus Scham und Liebe –
(und auch ein bißchen wohl aus Sorge,
weil ich von seinem König schwanger war –
was überwog, kann ich nicht sagen) –
aus Liebe, Scham und Sorge etwas schenken.

Ich hörte dann,
respektvoll hinter vorgehaltner Hand,
du habest deinen Fronturlaub allein verbracht,
um den Soldaten an der Front
Vergnügen nicht und Wärme nicht vorauszuhaben.
Was war mit mir? Hab ich kein Recht auf dich?

Bin ich nicht so viel wert wie die Soldaten?
Vergnügen und Geborgenheit
hätt ich den anderen Soldatenfrauen
ganz gern voraus. Sie würdens mir auch gönnen.
So nah bei mir, und ich habs nicht gewußt!
Und schon am nächsten Morgen: tot,
erschlagen von ich weiß nicht wem
in einem Kriege um ich weiß nicht was.

Kaum sind die sieben Tage Trauer um,
holt mich der König in sein Ehebett!
Ich wußte kaum, wie mir geschah,
ich wollte weinen, und ich war schon schwanger
von jener Zeit vor jenem Fronturlaub.
War es ein Wunder, daß mein Kleines starb?
Der König nannte das dann seine Strafe,
er weinte auch und ließ sich von mir trösten,
von mir, die keinen Trost bekam.

Ich habe Angst um jedes meiner Kinder,
um unsern klugen Ältesten zumeist,
und leide weniger als viele glauben
darunter, meinen Mann zu teilen.
Lebendiger, warum muß ich erleiden,
was Männer um mich her verschuldet haben?

Mandelzweig und Eisensäule
Jer. 1,11-19

Wie Eisensäulen trage mich der Glaube,
wie alter Städte Mauern stark und fest.
Bewahre, Gott, am Kapitäl die Taube,
behüt am Zinnenkranz das Schwalbennest!

Lass mich bekennen Deine Mandelblüte,
das Wort, das jenen fruchtet, die Du liebst.
Wo Niedertracht die Menschlichkeit verbrühte,
lass mich vertrauen, dass Du Leben gibst.

Wenn sie Dein Wort verachten, mich bedrohen,
hilf, dass nicht Feigheit meinen Geist bezwingt.
Gib, dass ich mutig singe Deine frohen
Verheißungen, und dass mein Lied gelingt.

Israel

Israel, du schönstes Land der Erde,
weinende Weiden am Jordan, siedender Sand
in gelben Bergen, am Felsen klebt ein Kloster,
grüne Wadis führen zum grünen Salzmeer,
mitten im Tod das Leben.
Auf margeritengoldnen Hügeln
blühn Flecken roter Anemonen,
schöner als Sh'lomos Krönungsmantel.
Mimosen, goldtropfende, Lupinen-Zauberblau,
Orangen, Dattelpalmen, süßer Saum der Straßen.
Bougainvillen, violette Wasserfälle,
überschütten Mauern weißer Städte,
färben die dürren Bäume.

Schönäugige, langbewimperte Kamele
dulden die Blicke der Fremden mit fürstlichem Hochmut.

Jerushalajim, schlagendes Herz mit vier Kammern!
Du von allem Gefolge des Herrn Geliebte,
Stadt auf dem Berge, golden Behelmte,
heilige Stadt überm Höllental!
Deiner Erstlinge kluger Ernst, ihr Tanz und Lachen und Weinen,
füllt deine Mauern, lebendiges Lied.

Dreißig Gemeinden des Nazareners,
jede dünkt sich die beste –
doch läßt man sich leben, duldet Umgang.
Auch ein kleines Volk hält Gemeinschaft mit diesen,
Volk, das im Kreuz den Lebensbaum sieht,
gekreuzigtes Volk, das früh den Gekreuzigten kannte.

Bunt von Händlern und Betern und Bettlern
in überdachten Gassen, duftend
wie Arabiens Wohlgerüche
die Heimat derer, die auf Aksa beten,
in dämmerblauen Hallen, zwischen hundert Säulen,
teppichgedämpft die nackten Schritte.
Wer kann hier anders als beten?

Kinneret, Salzmeer, Jesreel und Judäa,
Weinberg des Herrn, du Land von David und Sh'lomo,
von Moshe und Jeshuah!
Land meiner Liebe, bleibe erhalten!
Friede sei all deinen Menschen.
Flüsse von Milch und Honig,
Lieder von Krieg und Liebe, Tod und Verlangen,
von des Ewigen Weisheit werden dich ewig durchziehn.

Suche und Zweifel

Mit diesem Herzen

Mit diesem Herzen, das schlägt
unaufhörlich und mir zum Trotz
mit diesen Augen, die sehn
was versagt ist und wünschenswert
mit diesen Füßen, die gehn
krumme und schwierige Wege entlang
mit dieser Seele, die riss
suche ich, suche, weiß nicht wonach
mein Gott, der Du weißt –
sag mir, was es ist.

Verbannung

In dieser Welt bin ich nicht mehr zu Hause,
war es vielleicht noch nie.
Zwar überall wo Tabernakel stehen
ist Atemluft und Heim,
wo immer Brot zum Leib des Herrn sich wandelt,
da geht das Herz mir auf.
Doch länger kann ich mich nicht heimisch fühlen
als eine Messe lang.
Ich lebe im Exil. Ich habe Heimweh,
vielleicht noch überlang.
Herr, hilf mir, die Verbannung zu ertragen
mit Freude und mit Dank.

Du aber, Gott

Du aber, Gott, den ich suche und sehne,
wann lässt du endlich die Wahrheit mich wissen?
Ist mir doch Geist und Gemüt zerrissen,
weil ich nicht kenne, durch den ich mich wähne.

Gott, den ich suche und sehne, ich frage
dich, wer du bist und in wem du dich zeigtest.
Einst, als du blitzhaft dich zu mir neigtest,
warst du weit mehr als nur Bild oder Sage.

Gott, sei in mir und lass mich in dir sein,
lass mich, was du bist und ich bin, erkennen.
Lass mich die Dinge beim Namen nennen,
lass mich, solang ich bin, gerne hier sein.

Zweierlei

Nur zweierlei ist mir geboten worden,
und beides nahm ich, Lieben und auch Hassen,
und keins hat je mein Fühlen ausgelassen -
in beidem muss ich seither überborden.

Das eine macht mich hart, das andre weicher,
hier angeglichen, dort schon unterlegen
der mühevollen Welt, und wie durch Regen
werd ich an beidem unaufhaltsam reicher.

Es lasten beide, und ich spür an beiden
von Tag zu Tag die furchtbaren Gewalten
und hoff vergeblich, eins nur aufzuhalten.

Sie stehen beide mit gezückten Messern,
und will der Hass das Leben mir verwässern,
lässt mich der Wein der Liebe härter leiden.

Bereitschaft

Für Deine Kirche, Herr, und für das Leben
Der Kinder, die bedroht, noch ungeboren,
Und für den Wissensschatz, schon halb verloren,
Will meine Kunst und meine Kraft ich geben.

Ich stehe sehnend vor verschlossnen Toren
Und möchte gerne hinter ihnen streben
Und andern nützen und am Frieden weben -
Ich will nur dienen, und man schließt die Ohren.

Ich will mein Wissen, Können, Tun und Denken
Zum Schutz des Lebens herzensgern verschenken
Und finde keinen Nehmer dieser Gabe.

Ich hab wie sauer Bier mich angepriesen,
Und wortlos wurde mir die Tür gewiesen,
Und ungenutzt verrottet, was ich habe.

Schlechter Tag

Ich blicke finster auf die schlimme Welt
Und gehe aus, ein Tortenstück zu essen.
Die Menschen sind so boshaft und vermessen!
Sie wollen von mir nichts als nur mein Geld!

Um mich, vor Kummer grantig und verfressen,
Ists auch nicht eben jesusgleich bestellt,
Bin voller Zorn und gar kein Glaubensheld,
Hab heut in dumpfem Brüten nur gesessen.

Die Welt ist schlecht, und ich bin ganz wie sie.
Und Welt und Kirche nerven um die Wette,
Und ich gehöre auch zu diesem Babel.

Gemeinde ist ein stures dummes Vieh,
Ich bin ein Teil von ihr, bin Glied der Kette,
Geschwister vor dem Herrn - wie Kain und Abel.

Aus der Tiefe

Wenn Nächte dumpf und voller Schmerzen dauern
bis an den trüben Morgen ohne Kraft,
wenn Tage scheitern
wenn Baum und Herz und Blume ohne Saft,
wenn böse Träume in den Ecken lauern -

Gott, trage Du uns durch die Dunkelheiten,
zeig Du uns wieder einen Weg zum Licht
auf Himmelsleitern.
Gib Du uns Freude. Denn wir können nicht
aus uns auf Dich vertraun zu allen Zeiten.

Weltzeit

Bleibendes

Die Tage, Monde, Jahreszeiten eilen
im Sturmeslauf durch Weltenwildnis hin.
Noch plant das Morgen der geschäftge Sinn,
da wirds zum Gestern. Zeit darf nicht verweilen.

Das Ende schleicht in jeden Neubeginn.
Es trifft, die raffen, und es trifft, die teilen,
und niemand kann die Zeit vom Eilen heilen –
man lügt die Hast sich schön zum Zeitgewinn.

Das blüht und welkt und fruchtet und verdirbt,
das wird geboren, lebt in Eile, stirbt,
und kann auf nichts sich lange vorbereiten.

Und doch – geformt, gemalt, getönt, geschrieben
ist Liebenswertes zeitenlang geblieben.
Das Eigentliche überdauert Zeiten.

Gott im Frühling

Gott singt für mich ein Liebeslied
aus der Magnolienblüte.
Mein Herz horcht auf, mein Auge sieht
die Schönheit Seiner Güte.

Der Welt und Zeit und Sterne lenkt,
gab mir Verstand und Sinne,
ein Herz, das gerne an Ihn denkt
und Frühlings hohe Minne.

Ecclesia Brandenburgensis

Der Rainfarn wiegt die letzten gelben Kissen
Und dunkelbraunen trocknen Blütenplatten
Vor Feldern unter grellgesäumten Wolken,
Vor einem Dorf, aus dem die Kirche ragt.
Die grauen Steine kleiner dicker Kirchen,
Von neugetauften Wenden aufgeschichtet,
Bestehen lang und werden noch bestehen,
Solang der Rainfarn grünt und blüht und welkt.

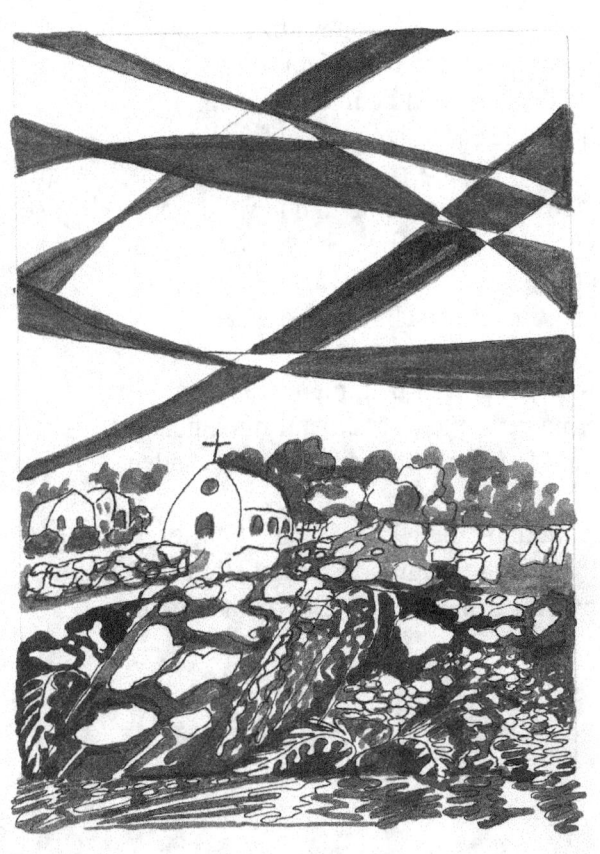

Silvester 2014

Ich frag nicht, was das Jahr mir bringen wird,
Und frage kaum, was ich ihm bringen kann.
Aus Gottes Händen nehme ich es an,
Er führe mich als Licht und guter Hirt.

Was ich verlor, erreichte und gewann,
Was ich geordnet habe und verwirrt,
Was ungewiß in meinem Denken schwirrt,
Was ich im Alten schaffte und ersann,

Das geb ich Dir zurück, mein Herr, und bitte
Um Gnade, wo ich Schuld auf mich geladen
Und um Humor vor dem erlittnen Schaden.

Herr, führe meine Hände, meine Schritte,
Und laß mich furchtlos gehn auf steilen Wegen.
Sei nah im Unbekannten. Sei mein Segen.

hora incerta

Wahrscheinlich werd ich viele überleben,
die meinem Herzen nahe sind. Schon lange
sind Freunde tot. Um andre ist mir bange.
Mir fehlt die Zeit, zu lieben und zu geben

in einem Maße, das gerecht bemessen.
Ich bat um eure Hilfe, nahm die Gaben
und fürchte mich, vor euch versagt zu haben –
hab allzu oft gezögert und vergessen.

Ach bliebet ihr. Doch wird es wohl geschehen,
und eines Tages muss ich um euch klagen
und ohne euch mit Mühe mich gedulden.

Die Stunde kommt, ob mit, ob ohne Flehen,
vielleicht auch wird erst meine Stunde schlagen –
doch wenn ihr geht, erlasst mir meine Schulden!

Englischer Friedhof

Im Grase stehen Steine schräg und sinken
im Lauf der Zeiten langsam in den Boden.
Gedenken schwindet, und aus tausend Toden
wird gute Erde, werden Blüten blinken.

Ein Schädel zwischen grünen Büscheln mahnte
in Augenhöhe vor vierhundert Jahren,
ein Name drunter und ein Sinnspruch waren
noch sichtbar, als den Toten nichts mehr ahnte.

Dann schwanden jenes Spruches letzte Worte,
die ersten später, und zuletzt der Name.
Die Erde sog sie ein. Das Gras verdorrte.

Die Erde saugt und sprießt, die niemals Zahme.
Noch blickt der Schädel in ihr wildes Mühen.
Auch er wird schwinden – und das Gras wird blühen.

Andreæ Gryphii Internet

Es wird, was Internet erfüllt, vergehen!
Der böse Klatsch, das wilde Aufbegehren,
Die eitle Sucht, Ruhm, Geld und Lust zu mehren,
Kann alles nicht in Ewigkeit bestehen.

Was dient, die Kunst und Wissenschaft zu mehren,
Muss auch schon bald gleich Staub und Streu verwehen.
Gedanken, die ins Netz wir hoffend säen,
Verblassen, schwinden ohne Wiederkehren.

Wir können nichts, und auch uns selbst nicht, halten.
Der Tod wird endlich uns den Strom abschalten –
Wer Wahres spricht vergeht wie der, der lügt.

Bedenk es, Mensch: das Netz ist nicht so wichtig,
Es ist wie Blumen, Gras und Windhauch nichtig.
Es bleibt uns nichts als Gott – doch Er genügt.

Kirchenjahr

Bitte im Advent

Bald kommst Du, Herr. Ich will Dir dankbar leben,
Will frei von Angst und Gier mich vorbereiten
Mit Fasten und Gebet, Dein Wort verbreiten,
Und Deine Liebe freudig weitergeben.

Befreie mich von dummen Eitelkeiten,
Die sich mit guten Taten gern verweben,
Die selbst die Freundlichkeit mit Stolz verkleben
Und mich zur Besserwisserei verleiten.

Lass die Bequemlichkeit mich überwinden,
Lass mich Gelegenheit zum Helfen finden
Und tapfer handeln, ohne aufzuschieben.

Herr, lass mich fest auf Deinem Grunde stehen
Und immer klarer Deine Wahrheit sehen,
Und lass mich furchtlos meine Feinde lieben.

Adventskranz

Rot und grün und gold und weiß
Kranz und Engelflügel
manche Seele sucht ganz leis
nach des Zornes Zügel

Weiß und rot und grün und gold
Kranz und Kerzenflammen
dunkle Tage leuchten hold
Liebe führt zusammen

Gold und weiß und rot und grün
Kranz und Eibenzweige
welken wird es und verglühn
einmal gehts zur Neige

Grün und gold und weiß und rot
einer will sich geben
einer ist und gibt das Brot
ewig ist das Leben

Sehnsuchtsadvent

Klebrige Süße und Wärme,
feiler Leim,
fließt in klaffende Sehnsucht,
füllt sie aus.

Glitzernder Staub verschüttet
Suchers Herz.
Nur Deines Geistes Wehen
bläst ihn fort.

Sehnen will ich mich, sehnen
ungestillt,
wachsenden Freiraum im Herzen,
frei zu Dir.

Dezemberwunsch

Die Welt hat so viel Tode schon gesehen,
Es ist so vieles Schöne schon vergangen,
Zerrüttet hat so viele Angst und Bangen,
Ein wenig Gutes nur kann noch bestehen.
Man neidet, haßt und ist voll Blutverlangen,
Bleibt unter sich, mag nicht zu Fremden gehen,
Erlaubt sich, Unbequemes zu verdrehen,
Reibt anderen das Schamrot auf die Wangen.
Wer aber hier nicht mitzuschwimmen dachte
Und fremde Not nicht höhnte und verlachte,
Nicht richten mag des schlimmen Nächsten Sünden,
Sieht heute schon die Engel, die ihm künden
Christnacht und Auferstehung in der Seele.
Hier steh ich, hoffe, daß ichs nicht verfehle.

Zwei Gabenbringer

Der Weihnachtsmann kommt zu den braven Kindern
Aus einem kalten unbewohnten Land.
Fürs Bravsein gibt es einen Sack voll Tand,
Sofern nicht Streit und Mangel das verhindern.

Er tut, als ob er schenkt, doch seine Hand
Tauscht Krempel gegen Bravheit, aber lindern
Wird er die Not nicht und die Gier nicht mindern.
Die Gaben sind so wertlos wie der Sand.

Doch einer kommt, der fragt nicht: Warst du brav?
Der gibt das Beste, Schönste uns im Schlaf,
Der gibt die Liebe, die uns ewig hält.

Wer da noch angepasst sein will und kann?
Zu braven Kindern kommt der Weihnachtsmann.
Zu Sündern aber kommt das Licht der Welt.

Winterkitsch

Man protzt mit Glitzerkram an Wintertagen.
Du bist, Erwarteter, in Himmelsferne.
Es funkelt, jault und blinkt; die Zuckersterne,
der Popanz Weihnachtsmann, die Wichtelplagen,

versperren mir die Sicht auf den, der gerne
für mich und in mir wäre. Was sie sagen,
ist süß und füllt statt Hirn und Herz den Magen.
Doch das Geschwätz, so leicht ich es entkerne,

kann immer wieder mich dazu verleiten,
die warme Süße Jenem vorzuziehen,
Der kam und kommen wird, dem großen Leben.

Ich will den Glauben nicht mit Kitsch verkleben,
in keine schmierige Betäubung fliehen.
Hilf mir, den klaren Weg Dir zu bereiten.

Weihnachtswahrheit

Ist denn die Wahrheit unbedingt
historisch-kritisch nur verkündbar?
Kann es nicht sein, daß Gott gelingt,
was unsrer Forschung unergründbar?

Der Wahrheit macht den Weg bereit,
dem wahren Gott, dem Weg für alle.
Das ist die Wahrheit, die befreit:
Die Jungfrau Mutter! Kind im Stalle!

Und alle Jahre wieder hält
sich mancher gern für kirchenkritisch,
der altklug aus dem Spiegel bellt -
der Christenhass ist monolithisch.

Und alle Jahre wieder frisst
sich mancher im Advent zugrunde -
daß jetzt die Zeit der Buße ist,
das geht im Glühwein vor die Hunde.

Doch Hirten, Engel, Sternenglut
und Stall stehn für mich außer Frage -
denn viel zu wahr ist dieses Gut,
und viel zu gut für eine Sage.

Der Wirt

Zwei Fremdenzimmer, und das dritte teilen
mein Weib, ich selbst, die Kinder. Und wir waren
schon heute früh belegt. Es kommen Scharen,
die rasten müssen, morgen weiter eilen,

um dann in ihre Heimatstadt zu fahren.
Und diese beiden wollen auch verweilen.
Die junge Frau ist müd vom Weg, dem steilen,
der Mann schwankt zwischen Fleh- und Drohgebaren.

Ich hätte ihm und seinem schwangern Weibe
ein Bett gegeben, eine warme Bleibe –
bin doch kein Unmensch! Doch es wollten alle

ihr Bett behalten. Alle waren Gäste.
Der Schuppen war in dieser Not das Beste –
und so gebar die junge Frau im Stalle.

Joseph

Er wurde nie von seinem Herrn gefragt,
ob er den sonderbaren Ziehsohn wollte.
Er lernte träumend, wie er handeln sollte –
und blieb bei ihr und hat sich nicht beklagt.

Schon möglich, daß er trauerte und schmollte,
vielleicht von Zorn und Zweifel angenagt.
Doch hat das Ungewohnte er gewagt,
als das verheißne Wort ihn überrollte.

Er richtete, so gut es ging, die Hütte
und legte seinen Mantel auf die Schütte,
damit Maria weich lag und der Knabe.

Er brachte beide durch als Gastarbeiter.
Die Träume blieben seine Wegbereiter.
Vielleicht sah er den Sohn als Gottesgabe.

Heimatlos

Gott richtete sich provisorisch ein –
was Bessres war nicht frei – in einem Stall.
Dann war Er im Exil (und war noch klein).
So ist der Herrscher über Welt und All!

Er gab damit ein Beispiel: Wir sind alle
Nur provisorisch in dem Erdenstalle,
Und sind, auch in der Erde schönstem Land,
Wie heimatlos, verstoßen und verbannt.

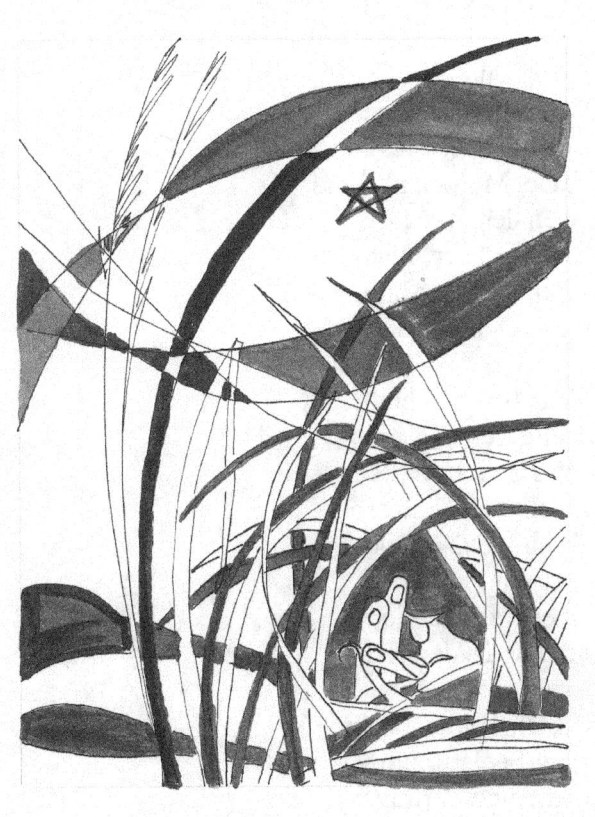

Verklärung des Herrn
Melodie: Aus meines Herzens Grunde

Mit Moses und Elias
Auf Bergeshöhen stand
Der Christus, der Messias,
Des Vaters Mund und Hand.
Sie haben den erkannt,
Der das Gesetz erfüllte,
Und Gott der Vater hüllte
Ihn in ein Lichtgewand.

Die Welt lässt sich betören
Durch alle Zeiten schon,
So kann sie viel zerstören -
Doch nicht den Gottessohn.
Sein freundliches Gebot,
Einander nur zu lieben,
Ist immer wahr geblieben
Und stärker als der Tod.

Ich will Dir Hütten bauen
In meiner Seele Raum,
Aus Liebe und Vertrauen,
Aus Laub vom Lebensbaum.
Mein Jesus, sei bei mir
Und lass bei Dir mich leben.
Ich will Dir alles geben,
Was ich bekam von Dir.

Wenn ich mich selbst verfehle,
Was soll ich mit der Welt?
Ist doch die Menschenseele
Mehr wert als alles Geld!
Wer lässt sein Leben ganz
In Gottes guten Händen,
Zu dem wird Gott sich wenden,
Dem schenkt Er Seinen Glanz.

Mein Fasten

Mein Fasten wird die Hungersnot nicht lindern,
wird keine Wüste feucht und fruchtbar machen,
und sollte betend ich die Nacht durchwachen,
wird das die Bitterkeit der Welt nicht mindern.

Mein Fasten bringt nicht Trauernde zum Lachen,
lässt keinen Forscher Heilungswege finden,
wird keines Kriegsgewinnlers Hände binden
und im Verzagten keinen Mut entfachen.

Nur etwas klarer wird das eigne Denken,
nur etwas freier wird die eigne Seele,
der eigne Leib wird weniger belastet.

Und wenn ich dann nicht Mut und Lust verfehle,
Gedanken, Kraft und Liebe zu verschenken,
hab ich nicht nur aus Eigennutz gefastet.

Palmarum

Werde ich, aus keinem Grund als Liebe,
Palmenzweige auf die Straße legen?
Bin ich ohne Hintersinn verwegen?
Hätt ich Güte, wenn mir sonst nichts bliebe?

Oft schon wollt ich Liebes tun und sagen,
ohne selbst mich groß dabei zu denken,
ohne Eigennutz mein Können schenken –
aber nie gelang mir zu ertragen

den Gedanken, daß ich selbst nichts gelte,
daß im Guten nur die Tat wird zählen,
daß ich Werkzeug bin und oft auch Plage.

Und wenn ich mich selbst deswegen schelte,
seh ich eitel mich die Worte wählen,
halt sie für Verdienste – und versage.

Palmzweige

Ich habe Dir nichts vor die Füße zu breiten
als meine Sünden und Schwächen,
meine Gebrechen,

und wenn die Gedanken in Schrift sich verdichten,
Worte, die manchmal gelingen,
dann noch mein Singen.

Das Schlimme, das ich aus mir selber geschaffen,
Gutes, das Du mir gegeben –
das ist mein Leben.

Dies schillernde Leben aus Gift und aus Freude
leg ich, mein Herr, den ich grüße,
vor Deine Füße.

Stammtisch in Jerusalem

So viele hat er schon dazu gebracht,
Familie, Arbeit, Häuser zu verlassen.
Er geht mit Kollaborateuren Prassen,
mit leichten Mädchen trifft er sich bei Nacht.

Er mault auch über unsre Tempelkassen.
Mit seiner Sippe hat er sich verkracht.
Die Plebs hat nun zum König ihn gemacht,
ja, er macht Eindruck auf die dummen Massen.

Erst neulich ist er in die Stadt gezogen
auf einem Esel - es war nicht mal seiner,
hat sich bejubeln lassen von der Menge.

Gesindel schob sich zu ihm durchs Gedränge.
Man liebt ihn. Er ist nicht wie unsereiner.
Denn eines stimmt – er hat noch nie gelogen.

Kreuzweg

Vom Holz bedrückt, geht barfuß Er auf Steinen.
Ein Stolpern, Fallen, mühsam Weitergehen.
Verstummt und bleich sieht Er die Mutter stehen.
Ein Fremder stützt Ihn, macht die Last zur seinen.

Auf Seiner Stirn ein Tuch, wie sanftes Wehen.
Die jähe Schwäche in geschundnen Beinen.
Die Frauen, die in Angst und Mitleid weinen.
Und wieder stürzt Er, sieht die Welt sich drehen.

Die Blöße ist zu sehn. Die Gaffer kommen.
In Unterarmen reißen Nagelwunden.
Ersticken und Verbluten und Vergehen.

Mit Leiter, Zange, Seil vom Kreuz genommen.
Im Grab verborgen, von der Welt geschwunden.
Gebrochen ist das Recht, um zu erstehen.

Menschensohn

Nicht golden zeigte sich am Kreuz der Heiland,
der Menschensohn nicht stehend, milden Blickes,
und nicht mit schönem Ernst, wie Schmuck die Wunden.
Besudelt war der Pfahl von seinem Blute,
der Rücken unter bleibewehrter Geißel
gerissen – in die Wunden drangen Splitter
von rohem Holz. Die starken Nägel hielten
die Hände an dem Querholz und die Füße
auf einer kleinen Stütze, und der Körper
hing an den Händen, riß die Wunden größer,
beklemmte mehr und mehr die Lungen, stemmte
sich wider Willen gegen das Ersticken.
Ein Kranz aus Dornen in die Stirne bohrend
gedrückt. So starb er langsam; keine Tröstung
die Mutter und die Freundin und der Jünger,
die haltlos weinten auf der Schädelhöhe.
Gott – wozu – läßt du mich? Die letzte Frage
des Menschensohnes – Frage meines Lebens.

Jerusalemer Klatsch

Der Vater war ein Durchschnittsmensch, ein Schreiner,
nicht frömmer als die meisten andern waren,
in seine Frau verliebt (noch immer, nach den Jahren) –
doch munkelt man, sein Sohn sei gar nicht seiner.

Er war nicht dumm, der junge Radikale
aus diesem Kaff – war wirklich recht belesen.
Nein – kriminell ist er wohl nicht gewesen.
Er setzte nur so seltsame Signale.

Und sein Cousin, bei dem er manchmal steckte,
war durchgeknallt und war in einer Sekte,
hat seinen Kopf durch eine Frau verloren.

Er provozierte. Soll sich nicht beklagen.
Jetzt haben sie ihn an das Kreuz geschlagen.
Die Liebe hat er bis zuletzt beschworen.

Bar Abbas

Ja, ich war froh, als sie mich laufen ließen!
Gerührt war ich von meines Volkes Treue,
man hätt mich ohne weiteres gekreuzigt.

Der andre da, angeblich der Messias,
ein Spinner, glaubte ich, wie viele waren,
der brachte sich und viele in Gefahren,
war selbst, so meinte ich, nicht sehr gefährlich,
und war gefangen wegen irgendwelcher
Bedenken – ja was immer – der Elite.

Ich, eben erst befreit und noch im Taumel,
hör die Gerüchte, frag herum, sie haben
mich nicht um meinetwillen freibekommen.

Pilatus ließ ihn vor die Menge führen,
voll Blut von Dornenkranz und Geißelhieben –
Pilatus fragt: Schaut her, ist das ein König?
Und darauf ist die Menge ausgerastet,
im Sprechchor brüllten sie: *Ans Kreuz mit diesem!
Ans Kreuz, ans Kreuz!* Und: *Freiheit für Bar Abbas!*

Ich steh hier unten, frei. Und der da oben,
auf Golgotha, der wurde nun gekreuzigt.
Hätt noch ein dritter neben mir gesessen –
wär der dann frei und ich wär neben Jesus?

Ich kann mich nicht an dieser Freiheit freuen.
Ich wurde nur befreit, damit er stirbt.

Nikodemos

Zu meiner Stellung wollte es nicht passen,
mit diesem Mann vertraulich umzugehen.
Ich hielts geheim – und brannte, Ihn zu sehen.
Sein Wort war immer auch als Tat zu fassen.

Wie wir in dunklem Mutterschoß entstehen
und ihn zu Licht und Tätigkeit verlassen,
so lehrte Er, aus engen düstern Gassen
ins Licht zu treten, in des Geistes Wehen.

Und diesen Lehrer wollten Lehrer richten!
Umsonst versuchte ich, den Streit zu schlichten.
Ich konnte nichts mehr tun für diesen Frommen.

Wir haben abends Ihn vom Kreuz genommen,
gewaschen und gesalbt, zu Grab getragen.
Zwei Tage später hörte ich es sagen…

Mirjam aus Magdala

Ob sie halbblind mit dick geweinten Lidern
und müde nach zwei halb durchwachten Nächten
schwankenden Schrittes auf den Friedhof ging,
mit einem Alabastron in den Händen
voll teurem Salböl, wie für Fürstengräber,
ob sie so ging, vielleicht mit bloßen Füßen –
zitternde Finger schnürten nicht Sandalen –,
ob sie den Fragenden - *„Was weinst du?"* – nicht
an seiner Stimme, an der Art erkannte,
ob sie vor Bangigkeit und vor Erschöpfung
nur wahrnahm, was wahrscheinlich schien –
Gärtner sind friedlich, und sie hüten Blumen,
man konnte ihn für einen Gärtner halten –,
und ob er wirklich sie mit Namen ansprach –
„Mirjam" – und sie – *„Rabbuni"* – vor ihm kniete –
ich weiß es nicht, und niemand kanns beweisen.

Doch glauben will ich lieber dies als jenes,
daß er, gefoltert und erstickt, begraben,
und mit ihm alle Hoffnung auf das Leben.

Der Engel am Grab

Er ist vorausgegangen in das Leben,
ich wache über leere Leinenbinden.
Wer sucht, wird bei den Toten Ihn nicht finden.
Nicht Seine Botschaft soll ich weitergeben,

die kennen sie. Ich sage nicht den Blinden,
dass nur die Tränen ihre Sicht verkleben.
Ich werde ihnen keine Träume weben -
kaum lasse ich die bangen Zweifel schwinden.

Ich schau nur in die grauen Angstgesichter
und grüße anders als die Menschenboten –
"Was sucht ihr den Lebendgen bei den Toten?"

Ich tröste nicht. Ich helfe nur entdecken.
Hört mich. Seht selbst. Verwindet euren Schrecken.
Er ist das Licht, das lebt. Nun werdet lichter.

Emmaus
auf ein Bild von Caravaggio

Gleiche ich jenem Jünger, der ganz plötzlich
an wohlvertrauter segnender Gebärde,
den sanften Fremden kennt, die Arme breitet –
halb lachend und halb weinend, unentschieden,
ob er umarmen, ob er knien solle?

Gleiche ich jenem, der die Lehnen klammert,
sich vorbeugt und mit aufgerissnen Augen
das junge Antlitz absucht nach Vertrautem –
kann dieses Haupt ganz ohne Blut und Wunden
der Freund sein, den zu Tode man gefoltert?

Gleiche ich jenem Wirt, der leicht verlegen
und schwankend zwischen Sorge und Bewundrung
und Wißbegier – was ist mit diesen Fremden? –
die Kanne hält, doch ohne einzuschenken –
die dienende Gewohnheit weicht Verblüffung?

Nur eines weiß ich wohl: Nicht gleich ich jenem,
der völlig sicher, ruhig und ohne Bangen
dankt für das Brot in liebender Vertrautheit,
der oft nur karg gelebt und doch nicht sorgte,
ob morgen Brot und Leben noch zu haben.

Mein Emmaus

Ich gehe vorwärts auf gewundnen Wegen.
Du gehst mit mir, auch wenn ich Dich nicht merke.
Zuweilen bist Du Schwäche mir, nicht Stärke,
lässt meine allzu wilde Hast sich legen.

Dann wieder treibst Du mich zu größrer Eile
und ziehst mich fort aus eitlen Trödeleien.
Zu neuen Wegen willst du mich befreien,
wenn ich im alten Trott zu lang verweile.

Unglaubliches steht über Dich geschrieben.
Wo mir der Glaube fehlt, will ich doch lieben,
will meinen Lehrer, meinen Freund Dich nennen.

Ich bitte dich, erkläre mir beim Gehen
Dein Wort, und lass mich endlich Dich verstehen
und Dich zuletzt in Emmaus erkennen.

Kreuzerhöhung
Melodie: Singt dem König Freudenpsalmen

Jesus ist für uns gegangen
durch die Folter, Hohn und Spott.
Einsam litt in Todesbangen
der Lebendige, der Gott.
Den Gerechten zu ermorden,
ragt das Kreuz in Weltennacht.
Da ist Lebensbaum geworden,
was zur Todesqual erdacht.

Alle Todesschatten schwanden,
Gott erweckte seinen Sohn.
Unser Herr ist auferstanden,
und das Kreuz ist Jesu Thron.
Alte Schulden sind vergeben,
jeden reißt Er aus dem Tod!
Als ein Zeichen für das Leben
ragt das Kreuz im Morgenrot.

Jesu Kreuz stellt tausend Fragen,
gibt die Antwort gleich darauf.
Jesu Liebe will uns tragen,
Jesus trägt uns Liebe auf.
Nur die Liebe kann erreichen
allen Lebens Ziel und Sinn.
Als das größte Liebeszeichen
weist das Kreuz auf Jesus hin.

Fronleichnam

Der Herr zieht vorbei
im strömenden Regen.
Ich knie vor Ihm
auf nasser Straße.
Als Katholikin
bin ich erkennbar
am Fleck auf der Hose
und pfeif auf dem Heimweg
voll heiliger Speise
das Tantum ergo.

Pfingsten

Licht unter Schwingen der Taube
trägt und schwindet ganz sacht:
Geist senkt sich auf die Erde,
Einer hörts und gibt Acht.

Taubenschwingen im Lichte
schweben und steigen empor:
Geist hebt sich über die Erde,
Einer sagts anderen vor.

Einer schwingt sich im Lichte,
wie die Taube so hoch:
suchend, Ihn zu verstehen,
tasten die anderen noch.

Veni Creator Spiritus

Mit Deinen Flügeln will ich fliegen
über das gläserne Meer der Freude,
der Sehnsüchte Aller.
Dein Atem, ein Sturmwind, trage mich
über die höchsten Berge.
Deine Kraft sei meine Kraft,
erschüttert furchtlos zu bleiben.
Dann will ich teilhaben an
aller Freude, allem Schmerz,
allem Leben, allem Tod:
kein Geschöpf sei mir fremd.
Denn alle hat Gott geschaffen
wie mich, keins weniger sorgsam,
und einig gehören alle
dem großen Werk Gottes an.

Maria, Engel und Heilige

Maria

So mythisch überhöht, mit Sternenkrone,
umschwebt von Rosen, auf dem Erdball stehend,
zierlichen Fußes eine Schlange tötend –
seh ich dich nicht, du Mutter meines Freundes.

Ich seh dich nicht in einem blauen Mantel,
der alle Welt umhüllt, und nicht auf Wolken
in blaue Höhen fahrend, auch nicht kniend
im Himmelssaal, gekrönt von deinem Sohne.

Ich sehe dich als eine Frau der Schmerzen,
die sah, wie man den Sohn zu Tode foltert,
und die nicht floh in seiner Todesstunde,
die unterm Kreuz ersticktes Röcheln hörte,
und die mit Grausen wahrnahm, wie die Fliegen
den wehrlos langsam Sterbenden bedeckten –

und die viel später ahnte, daß er lebte.

Assumptio Mariæ

Sie ging hinüber, schlafend, ohne Mühe,
so federleicht, wie sie als Mädchen tanzte,
und kaum gestorben, ist sie schon lebendig
und fest umarmt von ihrem großen Sohn.

"Ich hab mich so nach Dir gesehnt, mein Junge."
"Und ich hab mich gesehnt nach dir." Und beide
einander in den Armen haltend, lächeln,
die alte Mutter mädchenhaft verjüngt,
der Herr der Welt so zärtlich wie als Knabe.

Den Milchstern schuf Er, weiß mit goldnem Herzen,
macht daraus als Geschenk für Seine Mutter
die Sternenkrone, strahlend weiß und golden -
"Für dich!" - setzt sie behutsam auf ihr Haupt.
Die Welt wird hell und warm von beider Lächeln,
dies Lächeln, das die Mutter Kirche teilt.

Gertraud von Nivelles
17. März

Gertraud saß und Gertraud spann
schon seit Winters Kommen,
spann und betete und sann
voll Gedanken, frommen.

Gertraud hört die Engel schon,
hört das Wort des Herren,
aber nicht der Amsel Ton,
nicht Jungvogels Sperren.

Plötzlich aus des Rockens Flausch
hört sie etwas pfeifen!
Gertraud fühlt sich wie im Rausch,
spürt die Lüfte streifen

sanft ihr liebes Angesicht,
lächelt fast verwegen:
Herr, mein Leben und mein Licht,
lass mich niederlegen

nun den Rocken, und die Maus
mag ihr Nest drin bauen!
Frühling schickst Du mir ins Haus,
nun will ich ihn schauen!

Gertraud mit der Heilgenkron
hilft, so will die Sage,
gegen Dummheit, Stumpfsinn, Fron,
gegen Rattenplage.

Johannes
24. Juni

Bis unterm Kreuz war er mit Ihm zusammen.
Auf Adlerflügeln stieg sein Geist empor
Und schärfte ihm das Auge und das Ohr:
Er sah des wahren Gottes Blick wie Flammen.

Er sah das Wort als allen Daseins Tor,
Das Gotteswort, aus dem die Wesen stammen.
Begriff die Gnade – Gott will nicht verdammen –
Und sah: Nur Liebe brachte Jesus vor.

Er ging mit Ihm in ungewisse Weite,
Gewann durch Ihn in Geist und Seele Klarheit,
Erkannte Jesus Christus als die Wahrheit.

Er stand sehr nah an seines Meisters Seite,
Er trank Sein Wort wie Wasser und wie Wein.
Er wollte ganz in Jesu Liebe sein.

Teresia – Edith
9. August
Melodie: Du meine Seele, singe

Die suchen nach der Wahrheit,
Die suchen Gott allein,
Und Seines Lichtes Klarheit
Wird bald schon um sie sein.
Den Geist kann nur erkunden,
Wer Gott im Herzen hat.
Im Glauben sind verbunden
Erkenntnis, Liebe, Tat.

Es darf das Land nicht schweigen
Vor Lüge und vor Mord.
Die Kirche muss es zeigen:
Sie steht zu Jesu Wort!
Sie muss Verfolgten reichen
Die feste Helferhand.
Dann wird das Böse weichen
Vor Liebe und Verstand.

Ein Leidensweg voll Lieben,
Ein Liebesweg voll Leid
Ist schon für mich beschrieben –
Mein Gott, ich bin bereit!
Ich brauche nicht zu sorgen,
Mein Gott verlässt mich nicht.
Im Kreuz liegt schon verborgen
Der Weg zum Himmelslicht.

Monica
27. August
Melodie: Befiehl du deine Wege

In ihrer Jugend brannte
In Herz und Seele schon
Ein Licht, da sie bekannte
Sich zu dem Gottessohn.
Von Demut und von Güte
War Monica beseelt,
Und wo der Hader glühte,
Hat nie ihr Trost gefehlt.

Sie weinte im Gebete
Für ihren wilden Sohn,
Und für den Gatten flehte
Sie oft vor Gottes Thron.
Den überreichen Segen
Hat Gott ihr spät gewährt:
Zu Jesu Wort und Wegen
Sich Mann und Sohn bekehrt.

Wenn Traum und Bilder schweigen
Und auch die Seele schweigt,
Dann werden wir uns neigen
Vor dem, der uns gezeigt
In einem Atemholen,
In Augenblickes Zeit,
Dass Er uns anbefohlen
Die frohe Ewigkeit.

Hildegardis
17. September
Melodie: Mein schönste Zier und Kleinod

Ein grüner Zweig an Gottes Baum,
die Augen voll von Himmelstraum,
war Hildegard von Bingen,
von Gott gestellt in diese Welt,
zu lehren und zu singen.

Sie war nicht scheu vorm Kaiserhaus
und sprach die Wahrheit frei heraus:
Gott sollst du nie verschmähen!
Du Fürst und Knecht, gib Gott das Recht!
Auf Ihn nur sollst du sehen.

O Kraft der Weisheit, die die Welt
umschließt, behütet und erhält
mit ihren goldnen Schwingen,
so Erdenlast wie Himmelsrast
wird durch sie wohl gelingen.

Ein helles Licht voll Heiterkeit
wird strahlen in der Ewigkeit
von Gott für all die Seinen.
Die Seele hat in Gottes Stadt
ein Haus von Edelsteinen.

Von ungemessner Tiefe an
bis über aller Sterne Bahn
gehn Liebe und Erbarmen.
Die Liebe hält die ganze Welt
in ihren schönen Armen.

Erzengel
29. September
Melodie: Wohl denen die da wandeln

Ihr seid der Liebe Künder,
Ihr seid aus Gottes Licht.
Ihr sprecht als Seine Münder,
Ihr sagt uns: Fürchtet nicht.
Ihr seid von Gott zu uns gesandt,
Um auf Ihn hinzuweisen,
Ihr gebt Sein Wort bekannt.

An unsrer Seite streitet
Der Engel Michael.
Wo Böses sich verbreitet,
Da ficht er stark und schnell.
Wenn uns die Niedertracht bedroht,
Hilft er uns, Mut zu zeigen,
Und fragt: Wer ist wie Gott?

Auf Wegen uns geleitet
Der Engel Raphael,
Dass unser Fuß nicht gleitet,
Dass unser Blick wird hell.
In Krankheit und in Seelennot
Heißt er uns, Gott zu ehren,
Spricht: Euer Heil ist Gott.

Von Gottes Liebe kündet
Der Engel Gabriel.
Das All hat sie begründet,
Und alles macht sie hell.
Sie gibt der dürren Wurzel Saft,
lässt Israel ergrünen,
Sie blüht durch Gottes Kraft.

Mein Schutzengel
2. Oktober

Vor meinem Fahrrad flog ein Engel her,
So flink und wendig wie Artisten sind,
So sanft und streichelnd wie der Sommerwind,
Wie Möbelpacker muskulös und schwer.

Er warf sich vor mich, als der Anfall kam.
Ich habe keinen Kratzer weggesteckt,
Kein Stäubchen hat mir meinen Rock befleckt,
Obwohl der Sturz mir die Besinnung nahm.

Er machte den Asphalt zu Eiderdaunen.
Ich wachte in der Klinik auf mit Staunen,
Ein wenig wirr, doch gänzlich unverletzt.

Ich danke Gott und Seinem starken Engel,
Der mich bewahrt in dem Verkehrsgedrängel
Und einst mich heimführt – aber noch nicht jetzt.

Francesco
4. Oktober

Herr Bernadone stellt den Sohn zur Rede
vor einer prominenten Gaffermenge,
mit Zorn, Besitzerstolz und Vaterstrenge,
voll ungestandner Angst vor einer Fehde.

„Von mir bekamst du alles!" „Alle Zwänge."
Der Sohn entkleidet sich ganz ruhig, jedwede
der Gaben zieht er aus, legt eine jede
zu Boden, steht befreit von seidner Enge.

Entblößt von allem Mächtigen und Kalten,
spürt auf der Haut er sommerliches Wehen
und will durch die erstarrte Menge gehen.

Da fühlt er sich vom Bischof festgehalten –
der ihn, von Ehrfurcht und von Scham erfüllt,
in seiner Capa Purpurseide hüllt.

Hedwig von Andechs
16. Oktober
Melodie: Liebster Jesu, wir sind hier

Hedwig hat die Pracht der Welt
Bloßen Fußes übergangen,
Wünschte weder Schmuck noch Geld,
Gott allein galt ihr Verlangen.
Kranken half sie, gab den Armen,
Voller Liebe und Erbarmen.

Sie verstand der Menschen Not,
Stritt für Gnade und für Leben.
Wo ein hartes Urteil droht,
Bat sie, Schulden zu vergeben.
Heilger Geist hat sie getrieben,
Aufzubauen und zu lieben.

In der kriegerischen Zeit
Schlug sie zwischen Feinden Brücken,
Liebend überwand sie Streit,
Ließ sich nicht von Hass berücken,
Half, die Lehre zu verbreiten
Und die Welt zu Gott zu leiten.

Martin von Tours
11. November
Melodie: Großer Gott, wir loben dich

Martin musste lange Zeit
Als Soldat des Kaisers leben.
Waffen und Soldatenkleid
Trug er nur mit Widerstreben,
Wollte, statt im Heer zu stehn,
Jesu Friedenswege gehn.

Als er um den Abschied bat,
Ließ der Kaiser ihn nicht ziehen,
Sprach von Feigheit und Verrat.
Martin sprach: "Ich will nicht fliehen,
Doch auch Blut vergießen nicht:
Christus ist mein Friedenslicht."

"Ohne Waffen lass mich gehn,
Ohne Furcht vor Kriegsgefahren.
Wehrlos will vorm Feind ich stehn,
Jesu Kreuz wird mich bewahren.
Jesus ist mein guter Hirt,
Der den Frieden schaffen wird."

Bischof Martin folgte Gott,
Tat und lehrte Sein Erbarmen,
Teilte gerne in der Not
Brot und Wissen mit den Armen.
Eigne Not galt ihm gering,
Bis sein Weg zu Ende ging.

"Herr, es ist ein harter Streit,
Deinen Dienst zu tun im Leben.
Und ich kämpfte lange Zeit!
Willst Du mir nun Abschied geben,
Ruh ich gern, doch auf Dein Wort
Führ ich Deine Sache fort."

Martins tapfrer Lebenslauf
Ist im Frieden ausgeklungen.
Gott nahm Seinen Diener auf,
Engel haben ihm gesungen,
Trugen ihn nach Leid und Streit
In die lichte Ewigkeit.

Ach Martin

Martin, ach, Laternenlicht
wär dir wohl noch recht geworden,
auch die lauten Kinderhorden,
aber Heidentum doch nicht!

Nur Kostümfest und Geschrei,
Glühwein dann und Würstchenessen,
kannste als Asket vergessen,
wärste eh nicht gern dabei!

Martin, trotz der Feierei
ohne Glaubensgrund und Wissen
wollen wir dich doch nicht missen –
steh uns armen Toren bei!

Bitt für uns mit frommem Sinn,
Gott woll uns den Tand vergeben!
Lass die armen Gänse leben,
den Klamauk nimm freundlich hin,

hilf, die Großen wachzurütteln,
bis sie sich zu Gott gewandt,
nimm die Kleinen bei der Hand!
Sonst ist dieses Fest zum Schütteln.

Andreas
30. November
Melodie: Wer nur den lieben Gott lässt walten

Andreas kam zum Jordanufer
Voll Sehnsucht nach der Gotteszeit.
Er ließ sich mahnen von dem Rufer:
"Macht unserm Herrn den Weg bereit!"
Dort stand, von heilgem Geist umweht,
Der Nazarener im Gebet.

Andreas hört' den Täufer sagen:
"Seht, Gottes Lamm trägt unsre Schuld!"
Er ging zu Jesus, Ihn zu fragen,
Erfuhr von Liebe und Geduld.
"Komm mit und sieh", der Meister sprach,
Da folgte Ihm Andreas nach.

"Den Christus haben wir gefunden!"
Sein Bruder Simon folgte gleich,
Und beide gingen, zu bekunden
In Wort und Tat das Gottesreich.
Wer Jesu Liebeswort erzählt,
Gibt mehr als jedes Reich der Welt.

Herr, lass mich Deinen Weg bereiten
Und allen sagen, wer Du bist:
Der Welten trägt durch alle Zeiten,
Der Menschen Retter, Jesus Christ,
Der auch die schwerste Schuld vergibt,
Der ewig lebt und ewig liebt.

Apostellied
Melodie: Ein feste Burg ist unser Gott

Ihr Freunde Jesu, ausgesandt
Die Freiheit zu verkünden,
Ihr macht der ganzen Welt bekannt,
Auf wen sich Welten gründen.
Ihr hörtet den Ruf des Herrn, der euch schuf,
Ihr kündet das Wort, lebendig wirkt es fort,
Das Wort, das Fleisch geworden.

Ihr tragt das Wort in jedes Land
Von Jesu Friedenswegen.
Von Ihm hat euer Herz gebrannt,
Durch Ihn seid ihr ein Segen.
Den Bruder und Stern, den Vater und Herrn,
Der Himmel und Welt, der uns belebt und hält,
Den sollen alle kennen.

Ihr habt den Gottessohn gehört,
Er führte euch ins Weite.
Ihr habt die Mächtigen verstört
Durch den, der euch befreite.
Ihr wurdet bedroht, ihr littet den Tod,
In Jesu Gesicht schaut ihr nun Gottes Licht,
Ihr seid mit Ihm erstanden.

Nikolaos von Myra
6. Dezember

Kein lieber Alter wars mit Zuckerkram
die Haut war nicht schneeweiß und rosenrot
und Kugeln Goldes wendeten nicht Not
als Nikolaos Ring und Mitra nahm.

Die Sonne gerbte dieses Bischofs Haut
und als der Hunger kam zu ihm ins Land,
da hat er ihn wohl selber auch gekannt.
Doch gab er gern – gab Geld und gab auch Laut.

Er kauft Gefangene und Huren frei
und war voll Güte und Bescheidenheit,
doch nicht vor Fürsten und vor Gaunern nicht.

Wo er ein Unrecht sah, da fiel ihm bei
zur schnellen Hilfe seltne Möglichkeit –
und er vertraute immer auf das Licht.

Zum Nikolaustag

Stürme bannen, Hunger stillen,
Unterdrückten Freiheit geben,
seine Liebe freudig leben –
alles dies um Gottes Willen –

Klug, barmherzig und gerecht sein,
Torenängste überwinden,
Fesseln lösen, Wunden binden,
niemands Herr und niemands Knecht sein –

das heißt nicht umsonst gerungen.
Solchem Tun und solchem Hoffen
steht das Tor der Güte offen –
solches Leben ist gelungen.

Nikolaos bittet

An dürren Halmen hingen leere Spelzen.
Die Speicher standen leer. Die Rinder starben.
Man band die karge Ernte nicht zu Garben,
Den Wintervorrat ließ der Herbst zerschmelzen.

Er sah auf Kinderwangen Hungerfarben,
Und sah die Schiffer das Getreide wälzen
Ins kaiserliche Schiff, nebst Gold und Pelzen.
"Lasst etwas hier, dass nicht die Kinder darben."

"Es ist nicht unsers, ist des Kaisers Eigen.
Wenn wir nicht liefern, hat er kein Erbarmen."
"Ein größrer Fürst wird einen Ausweg zeigen."

Der Bischof bat, da halfen sie den Armen.
Ein zweites Wunder hat das Korn vermehrt.
Die Fracht gelangt zum Kaiser unversehrt.

Das Stratelatenwunder des Nikolaos

Der Präfekt von Myra ließ sich kaufen,
sprach drei Männer schuldig ohne Grund,
ließ sie fesseln und zum Richtplatz führen.

Nikolaos hatte das vernommen,
eilte hin, als schon der erste kniete,
als der Lictor schon das Schwert erhob,
drängte sich durch eine Gaffermenge,
war mit einem Satz auf dem Podest,
schob sich zwischen Henker und Beklagten,
nahm das Schwert aus des Verdutzten Hand.

Auf den Bischof sah der Lictor zweifelnd –
dieser kommandierte nicht, er legte
nur das Schwert in einiger Entfernung
auf den Boden, sah den Lictor an,
ernst und freundlich, sagte ruhig: „Nein!
Lass sie leben, mach dich nicht zum Mörder!
Löse ihre Fesseln, lass sie frei!"

Vor der stummen Menge wie im Traume
tat der Lictor wie geheißen, und die Männer
weinten fassungslos vor diesem Wunder,
glaubten kaum an ihre Rettung, fühlten
Bischofshände segnend auf den Köpfen.

Nikolaos nahm die Hand des ersten,
und die andern folgten ihm wie Kinder
durch das Murmeln der entsetzten Menge
bis zum Haus des schuldigen Präfekten,
machte ihnen Mut: „Gott wird euch schützen!"

Und dann standen sie vor dem Präfekten –
drei halbnackt, von Kerkerhaft gezeichnet,
und ein zorniger und strenger Bischof.
„Du hast Recht gebrochen für den Mammon!
Danke Gott, dass du nicht Mörder wurdest!"

Der Präfekt sah in des Bischofs Augen
nicht nur Zorn, auch Mitleid. Die drei andern
sahen angstvoll und gespannt auf ihn,
und zum ersten Mal sah er sie an.

Da erschrak er vor sich selbst, gestand:
„Geld hab ich erhalten für das Urteil,
habe nicht geprüft den Grund der Klage,
und ich kannte doch den Kläger, wusste,
dass er jene drei schon lange hasste.
Wenn ihr könnt, verzeiht mir diese Sünde."

Und vergeben wurde dem Präfekten.

Nikolaus und der Betrüger

Ich hatte jenem Christen Geld geliehen –
er ist ein Nachbar, und er war in Not.
Ich weise keinen ab von meinem Haus!
Dem Armen hilf! Das ist des Herrn Gebot.
Doch an dem Zahltag will er sich entziehen.

Er reicht mir seinen Stab – ich soll ihn halten.
Er schwört vorm Bildnis eines Würdenträgers:
"Du bist mein Zeuge, Bischof Nikolaus!
Das Geld ist gänzlich in der Hand des Klägers!"
Ihm wird geglaubt. Mein Recht wie Holz gespalten.   ...

Er nimmt den schweren Stab, um fortzugehen –
der Falsche hört nicht des Gerechten Rufen!
Da scheut ein Pferd, da bricht ein Wagen aus,
da liegt er unter Rad und Pferdehufen.
Ich kann nicht helfen, muß ihn sterben sehen.

Das Rad ist über jenen Stock gefahren,
zerbrochen liegt er neben einer Leiche –
und ausgehöhlt – nun rollt das Geld heraus!
Er starb an seinem eignen bösen Streiche.
Herr, konntest Du ihn nicht davor bewahren?

Du, Ewiger, willst nicht den Tod der Sünder,
so hast Du es gesagt, so stehts geschrieben!
Und du, du Wundertäter, Nikolaus –
befiehlt dir nicht der Ewige zu lieben?
Sagt das nicht deines eignen Glaubens Gründer?

Ich will kein Geld auf eines Lebens Kosten!
Elija und Elischa weckten Tote,
wenn du das kannst, hilf, Bischof Nikolaus!
Gib, daß er lebt und umkehrt, Herrenbote!
Sonst mag das Geld verfallen und verrosten.

Da seh ich meinen Gegner sich bewegen
und schwankend aufstehn, staunend um sich sehen –
Dank sei Dir, Gott! Und Dank dir, Nikolaus!
Dann zeigt er auf die Münzen: "Hier – das Lehen,
nimm es zurück, verzeih – du bist ein Segen!"

Stephanus
26. Dezember
Melodie: O Licht der wunderbaren Nacht

Ein Diener der Gerechtigkeit,
Der Armen gab ihr Eigen,
War er in Wort und Tat bereit,
Das Liebeswerk zu zeigen,
Das Jesus an der Welt vollbracht.
Gott hat zum Boten ihn gemacht
Der Wahrheit und der Liebe.

Vom Geist der Wahrheit brannte er,
Zu lehren und zu dienen,
Und ohne Furcht bekannte er:
Der Herr ist uns erschienen –
Messias, Christus, Menschensohn,
Der Auferstandne auf dem Thron,
Der Ewige Gerechte.

Wer wie ein Engel rein und echt
Des Herren Wort verkündet,
Wer furchtlos, wahrhaft und gerecht
Den Glauben klar begründet,
Wer treu bleibt auch in Todesleid
Und seinen Gegnern gern verzeiht,
Der sieht den Himmel offen.

Vertrauen

Credo

Ich hatte Gott aus meinem Blick verloren,
Doch Er nicht mich. Er ist mir immer nah.
Er ist mein Meister, ist der Ichbinda.
Er ist für mich gezeugt, für mich geboren,

Der ewig liebt und lehrt. Sein großes Ja
Gilt mir wie allen, und in meinen Ohren
Klingt es aus Bergen, Schriften und Emporen
Von dem auf Sinai und Golgotha.

Mein Gott, mein Jesus, lass Dich von mir finden.
Lass Zweifel mich und Trägheit überwinden.
Durch Deinen Geist lass lieben mich und schreiben.

Mein Denken und mein Handeln wird verwehen.
Du bist mein Leben und mein Auferstehen.
Du bist, der bleibt. Gott, lass mich in Dir bleiben.

Vertrauen

Jesus, wenn man mir alles, alles nähme,
Hab und Gut und Gesundheit und den Verstand,
weiß ich doch sicher, dass mir zur Hilfe käme
Deine sanfte und starke rettende Hand.

Jesus, dies sag ich an guten und frohen Tagen,
da mir das Glauben und Hoffen und Lieben gelingt.
Lass es mich glauben und hoffen und immer sagen,
auch wenn mich Angst und Not bedrückt und verschlingt.

Ohne Dich wäre alles am Ende vergebens.
Du bist für alle alles, und auch für mich.
Jesus, gib, dass ich jeden Tag meines Lebens
einen Liebesbrief schreibe im Herzen an Dich.

Liebeslied an Gott

Ich liebe Dich, mein Jesus, und Du weißt,
Dass ich zu wenig und zu zaghaft liebe,
Dass ich das Gute allzu oft verschiebe,
Zu selten handle, wie Dein Wort mich heißt.

Wenn diese Welt mich zwingt in ihr Getriebe,
Wenn sie mich kitzelt, lockt und an sich reißt,
Dann meldet mein Gewissen sich noch meist,
Doch es verstummt, wenn ich es von mir schiebe.

Ich bitte Dich, mein träges Herz zu wandeln.
Hilf mir, nach Deinem Willen froh zu handeln.
Steh Du mir bei. Lass mich den Kampf gewinnen.

Ich liebe Dich mit Seele, Herz und Sinnen!
Mein Jesus, Du allein kannst mir genügen.
Mit keinem Mindren will ich mich begnügen.

Hingabe

Nicht verweigert, nicht entzogen
hat sich mir mein Herr und Gott.
Gleich wie tief ich falle, Er
trägt mich, hilft mir wieder auf,
schon im Augenblick der Bitte.

Da ich zu Ihm kam in Sünde,
da ich ohne Recht Ihn bat -
und wann wär ich denn im Recht -
hat Er Seinen Leib, Sein Blut
nicht entzogen, nicht verweigert.

Immer, wenn ich daran denke -
jeden Tag denk ich daran -
fühl ich, wie mein Herz sich dehnt,
wie es Gott entgegenwächst,
nicht entzieht und nicht verweigert.

Mission

Herr, zeig mir den Weg, um Zeugnis zu geben
von Deinem Lieben, Sterben und Leben.
Ich singe für jene, die Dich bekennen.
Wie aber soll ich vor Fremden Dich nennen?
Zeig Du mir den Weg, Dein Wort zu verbreiten.
Du leite mich, andre zu Dir zu leiten.

Seine Wahl, meine Wahl

Von den Sternen steigt herab
meine Sehnsucht,
zu den Sternen fliegt hinauf
meine Sehnsucht.
Der in meinem Herzen wohnt
alle Zeiten,
der ist, der mein Herz erhebt
bis zum Vater.
Ihn, den Herrn der Sterne, liebt
meine Seele,
als Erwählte wähle ich
Ihn, den Höchsten.

Jesus im Jobcenter

Du, Herr, bist mit mir überall.
Du stehst auch mit mir in der Schlange.
Du gießt mir Hoffnung und Freude ins Herz.
Du gibst mir Mut und Vertrauen.
Du schenkst mir frohe Gelassenheit,
wenn vor mir noch fünfzig warten.
Du füllst das öde halbdunkle Amt,
wo Atemluft rationiert wird,
mit Deiner Frische, freundlich und hell,
mit liebevollen Gedanken.
Du sagst mir: von denen, die vor mir stehn,
will keiner den Platz mir nehmen,
hat jeder zu tragen, genau wie ich,
die Lasten des eigenen Lebens.
Der eine riskierte vielleicht den Kopf
in seiner geliebten Heimat,
der andre hat schon längst resigniert
und weiß nicht, was er Dir wert ist.
Da tröstet eine ihr weinendes Kind.
Ein andres Kind lässt sich nicht trösten.
Und der da steckt voll verhaltnem Zorn,
und jener würde gern weinen.
Mein Jesus, steh Du uns allen bei,
gib allen Wege ins Leben.
Gib Du uns allen Liebe und Sinn.
Zeig allen den Weg zum Leben.

Zuversicht

Ich werde nicht viel hinterlassen,
es wird die gierige Welt
aus meinem Erbe kaum fassen
das Bestattungsgeld.

Ich lasse kaum so viel Spuren
wie Kinderburgen aus Sand,
wie Windhauch über den Fluren,
wie Schritte auf steinigem Strand.

Aber der meine Schritte
längst vorgezeichnet hat,
das Licht der Welt, ihre Mitte
erwartet mich in Seiner Stadt.

Trotz all meiner Fehler und Scharten
werde ich bei Ihm sein.
Seine goldene Stadt und Sein Garten
werden mir Heimat sein.

Gabe und Gegengabe

All meine dummen alten Eitelkeiten
Will ich Dir, Jesus, vor die Füße breiten,
Nimm Du sie an, weil ich nichts Bessres habe.
Du gibst in Fülle, was mich führt zum Leben.
Du hast mir Herz und Geist und Zeit gegeben.
Du machst Dich selbst zu einer Gegengabe.

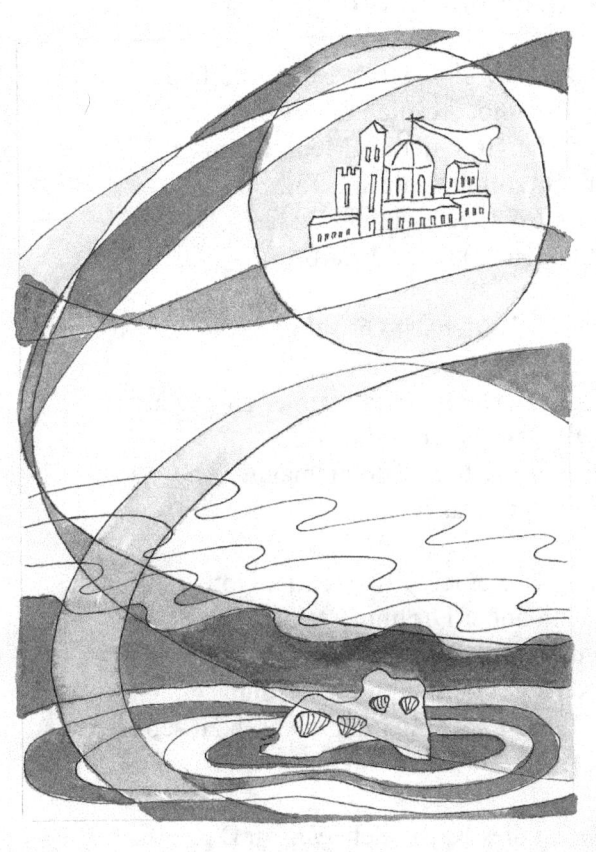

Allwissend unwissend

Du bist der Dreieine, bist Einer und Drei,
schon das unbegreiflich und wahr.
Du bist der Gott, der als Mensch geborn,
der machtvoll in Wort und Tat,
der sich aus Liebe geopfert hat,
geschunden wurde und starb.

Du warst als Mensch Dir selbst nicht bewusst,
die eine Gottheit zu sein,
Du hast als Mensch Dich verlassen geglaubt
von Dir, dem Vater und Geist.
Aus freiem Willen kann niemand je
nicht wissen, was er ist.

Nur Du, Dreieiner, allwissender Gott,
hast Dich außer Dir hingestellt,
Du wusstest als Vater, wusstest als Geist
Dich eins mit dem göttlichen Sohn,
Du glaubtest als Sohn, nur Mensch zu sein,
am Kreuz verlassen von Dir.

Mir weist dies Rätsel den Weg zu Dir,
der ganz sich entäußert hat.

Erkenntnis

Von Deinem Wort trunken,
von Deinem Geist klar,
in Dein Licht versunken -
ich weiß: Du bist wahr.

Ich weiß, welche Sünden
ich oft schon beging,
kein Mahnen und Künden
dagegen verfing.

Du zogst mir die Decken
von Herz und Verstand.
Ich habe voll Schrecken
mich selber erkannt.

Mit wie vielen Ketten
mich fesselt die Welt -
nur Du kannst mich retten,
der alles erhält.

Gaben

Herr, ich kann Dir nichts anderes geben
als meine Sünden und Deine Gaben.
Herr, ich will nichts Geringeres haben
als einen Weg zum ewigen Leben.

Herr, diese Welt will mich an sich raffen,
ich strecke selbst die Hand ihr entgegen.
Rüste mich, Herr, mit den rechten Waffen!
Ohne Dich bin ich ihr unterlegen.

Wo Du mich hinstellst, da will ich leben,
will vor meinem Dienst ich nicht fliehen.
Dir will ich mich in die Hände geben.
Dann will ich ewig vor Dir, Herr, knien.

Meines Fußes Leuchte

Du leuchtest, leuchtest voran
auf Wegen durch Weltennacht,
Du reißt mich aus düsterem Bann,
aus feindlicher Übermacht,
aus eitlem Gedankengespinst -
Du rettest mich. Du gewinnst.

Jesu dulcis præsentia

Ich will bei Dir sein, Jesus. Ganz bei Dir.
Meine Heimat Du und mein Lebensgrund.
Ich will vor Dir knien. Jesus, nimm mich auf.
Führ mich heim, mein Herr, wenn ich irregeh.
Nimm die Angst von mir, lass mich Dir vertraun.
Nimm die Eitelkeit, die mein Herz betrügt,
Nimm mir fort die Gier, die den Geist verbrennt.
Lass mich lieben, tiefer und immer mehr.
Du bist bei mir, Jesus, bist immer da.

Jeshua ben Dawid

Was du mir sagst, nicht immer leicht zu fassen,
in Bildern spätantiken Morgenlandes -
ich hör es in den Feiern des Verbandes,
auf den ich dir zulieb mich eingelassen.

Ich lese es in schönen alten Sprachen
und werde froh und traurig überm Lesen:
Wie oft ist andres über mir gewesen
als Liebe, wenn das gute Brot wir brachen.

Ob du ein Gott bist, weiß ich nicht zu sagen,
doch deine Worte, diese guten, hellen,
im hadervollen wirren Weltgetriebe

sind göttlich schön und lassen mich ertragen
mit Tapferkeit und Nachsicht die Gesellen,
die ich nicht lieben kann. Denn du bist Liebe.

Mysterium Fidei

Du weißt alles, mein Gott,
und Du wurdest zum Kind,
wurdest Mensch, der nicht wusste,
dass Er eins war mit Gott.

Menschen wissen nicht viel,
und du wurdest wie sie,
bliebest eins mit dem Vater,
wusstest Alles und Nichts!

Du im Leib einer Frau,
Du in Bethlehems Stall,
in Jerusalems Tempel
und geschunden am Kreuz,

Du auf himmlischem Thron,
Du in ewigem Licht,
Du in irdischer Armut,
voller Liebe zu mir!

Du bist mächtig und sanft,
Du bist Sonne und Sturm,
Du bist sterblich geworden,
und das Leben bist Du.

Gnade und Freiheit

Herr, nur in Deiner Nähe kann ich leben,
Selbst wenn ich diese Nähe nicht mehr spüre.
Selbst wenn ich Deine Fülle nie erführe,
Wär ich von Deiner Gnade ganz umgeben.

Du rührst mich an, damit ich selbst mich rühre,
Dich suche, statt im alten Trott zu kleben.
Du willst mit Deiner Liebe mich verweben,
Du öffnest mir zu Deinem Licht die Türe.

Du reichst die Hand - ich darf sie nur erfassen,
Du zeigst den Weg - ich darf mich führen lassen,
Du bietest alles - ich darf es nur wollen.

Du zwingst mich nicht. Du willst mich nur beschenken.
Und folg ich Dir und lasse Dich mich lenken,
Dann blüht die Freiheit mir aus allem Sollen.

Schuld und Umkehr

Fragen

Herr, Du bestürmst mein Herz, machst es weit
und füllst es mit Fragen.
Ich suche Antwort, Du aber schweigst.
Erleuchte mein Sinnen,
Lass mich durch Deinen Geist Dich verstehn!
Ich finde den Weg nicht,
den ich nach Deinem Willen soll gehn.
Vergib mir mein Zaudern!
Lehre mich, Deinen Willen zu tun,
auf Dich nur zu hören.
Sag, was ich tun soll. Lass mich verstehn,
ich will Dir ja folgen!
Führst Du durch Dunkel, führ auch zum Licht,
Du Licht meines Lebens!
Herr, ich bin schwach und schuldig vor Dir –
mein Gott, sei barmherzig.

Angstvolles Gebet

Wenn die Angst das Herz zusammenpresst
Und im Magen liegt ein Klumpen Blei
Und durchs Hirn schwappt wie ein träger Brei
Fett und fade ein Gedankenrest,

Wenn ich zittre, weil man mich nicht frei
Meinen Lebensweg bestimmen lässt,
Wenn ich wie ein Küken ohne Nest
Irre durch ein graues Einerlei,

Wenn ich Dir nicht mehr vertrauen kann,
Deine Liebe nicht mehr spüre, dann
Nimm mein Irren an wie ein Gebet.

Wenn mir vor der Welt der Mut vergeht,
Gott, komm zu mir, der Du mich verlangst.
Komm zu mir und reiß mich aus der Angst.

Kleinmut

Ich lese, dass andre Dir fest vertrauten
in Not, die viel tiefer als meine war.
Ich höre, dass andre auf Dich, Herr, schauten
in härtestem Leid und in Todesgefahr.

Doch ich bin nicht heilig, ich bin kein Held.
Ich halte mein kleines Elend nicht aus.
Und hab ich mir selber den Weg verstellt –
hab Mitleid, mein Herr, und führ mich nach Haus.

Zwei Feuer

Dein Geist, Herr, befeuert mein Denken und Handeln,
Dein Feuer verbrennt, was mich von Dir trennt,
Dein Feuer allein kann mich läutern und wandeln.

Das Feuer des Bösen will funkelnd betrügen,
es lockt und es schwelt, und ich hab es gewählt
und hab es geschürt mit alltäglichen Lügen.

Gewissen zieht mich vor Dein Gericht,
meinen Stolz, meine Gier leg ich ab vor Dir.
Dein Feuer, Herr, ist nur Gnade und Licht.

Vernichte meinen Hochmut!

Der Du Mauern niederreißt,
der Du Reiche hast beendet,
reiße meinen Stolz auch nieder,
der mir Herz und Geist verblendet,
meine Eitelkeit verbrenne,
in der ich die Zeit verschwendet,
und vernichte meinen Hochmut,
durch den ich mich abgewendet.
Der Du Länder hast befreit,
mache mich für Dich bereit.

Was uns trennt

Mein Gott - ich bitte Dich an jedem Tage,
In jeder Stunde, durch mein ganzes Leben:
Nimm, was mich von Dir trennt! Ich wills Dir geben.
Es klebt wie Pech. Und alles, was ich wage,

Mein ganzes Wissen, Können und Bestreben,
Was immer ich an Gutem tu und sage,
Was immer ich aus Liebe zu Dir trage,
Und alles Beten kann mich nicht erheben

Zu Dir, mein Gott, denn alles ist vergiftet
Von meinem Zorn, der unversöhnlich brennt,
Von meinem Hochmut, meiner Eitelkeit.

Du, Herr, hast mich zum Glauben angestiftet.
Reiß Du aus meinem Herzen, was uns trennt!
Du bist mir nah - ich bin von Dir so weit.

In der Irre
Amos 8,11-12

Nach Brot nicht Hunger,
nicht Durst nach Wasser –
doch Durst und Hunger nach Dir,
nach Dir und nach Deinem Wort.

Ich stolpre schwankend
auf Straßen, endlos –
und seh nicht, wohin das führt,
und will doch allein zu Dir.

Ich weiß: zu wenig
für meine Nächsten
hab ich im Leben getan,
ersehnt, gewollt und bedacht.

Mein Jesus, zeig mir
den Weg zum Himmel –
und ist er dunkel und hart,
sei Du mein Trost und mein Licht.

Verdient ist gar nichts.
Mir kommt entgegen
nur Deine Barmherzigkeit,
trägt mich durch Schrecken ins Licht.

Dornen
Hosea 9-10

Ich lebe auf Kosten der Welt,
ich habe ihr nichts zu geben –
nur hin und wieder ein Lied,
nur Worte und keine Taten.

Ich mühe mich nicht genug,
mein eigenes Brot zu verdienen,
und ich verüble der Welt,
wenn sie meine Träume missachtet.

Noch leb ich im Überfluss,
doch nicht aus eignem Bemühen.
Ein eitles und dummes Gespinst
verdrängt meine Kraft zu Taten.

Nur manchmal seh ich mich selbst
mit wachen und scharfen Augen,
voll Eitelkeit, Selbstsucht und Gier,
die Gaben im Acker vergraben.

So kostbar mein Können auch ist,
das Unkraut wirds von mir erben.
Dann wuchern und wachsen auf mir
und meinen Liedern die Dornen.

Du zeigst mir, Herr, was ich bin.
Nun gib mir den Mut zum Handeln.
Vergib mir Trägheit und Angst,
und schenk mir, Herr, Dein Erbarmen.

...

Dann nehme ich unter den Pflug
das Neuland, das Du mir gegeben.
Dann trägt meine Brache Frucht
durch Dich, der mich liebt trotz allem.

Er hat Gewaltige von den Thronen gestoßen
Lk. 1,52

Ich hab mir einen Thron gezimmert
aus Eitelkeit und Besserwissen,
und viele haben mir geholfen
mit schönen Worten, Beifallklatschen,
und viele brachten goldne Balken
aus ungerechten Widerworten.

Du hast mich von dem Thron gestoßen,
nun steh ich unten, schau nach oben,
seh meinen Thron aus goldnen Balken,
so hoch, dass ich den Sitz nur ahne,
und weiß, von dort kann ich nicht sehen,
wer unten betet, unten leidet.

Du hast mich von dem Thron gestoßen,
ich seh durch das Gerüst von unten,
begreife plötzlich, was ich baute:
Das ist kein Thron, das ist mein Galgen.
Du hast mich nicht umsonst erniedrigt –
Du machst mich frei, Du gibst mir Leben.

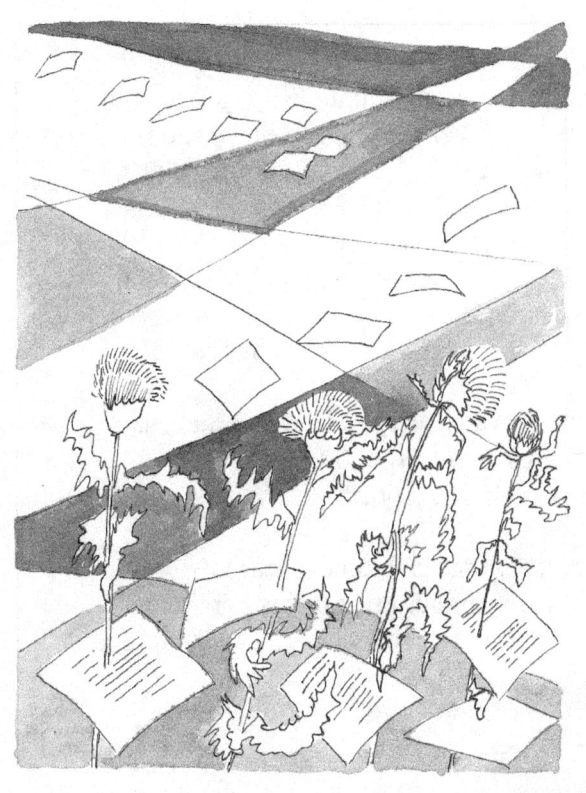

Der eifersüchtige Bruder
Lk. 15,11-32

Die harte Arbeit hab ich gern gemacht.
Hab froh und gut gepflügt, gesät, geschnitten.
Ließ mich um keine Hilfe zweimal bitten,
Hab neues Land und Vieh uns eingebracht.

Ich liebe unsre alten Bauernsitten,
Dies Land, das grün in goldner Sonne lacht.
Ich hab mich mit dem Wildfang nie verkracht!
Er war doch immer bei uns wohlgelitten!

Es hat dem Vater fast das Herz gebrochen,
Als er mit seinem Erbe fortgegangen.
Nun hat ers durchgebracht, kommt angekrochen!

Er wird gefeiert. Ich bin nur Getriebe.
Darf ich, der Immertreue, nichts verlangen?
Und ich verlang doch nichts – nur Vaters Liebe.

Mein Friede

Als Sturm bist Du gekommen,
bist nun mein Friede.
Mein Herz erfüllst Du ganz
mit Licht und Ruhe.
Und doch, Du schläfst ja nie,
nie schläft Dein Stürmen,
mein Herz wird immer neu
von Dir erschüttert.

Jesus Befreier

Du willst bestürmt sein von mir,
Gott meines Heiles,
und Du bestürmst mich darum.

Ich bitte, gewähre mir,
Herr meiner Seele,
für immer vor Dir zu knien.

Du hältst mein Herz in der Hand,
Licht meines Lebens,
Du führst mir mich selbst vor Augen.

Ich bin voll Reue und Scham,
Richter und Retter,
ich kann meine Schuld nicht tilgen.

Du bist mein Hoffnungslicht,
Jesus, Befreier,
zeig Du mir den Weg aus dem Elend.

Umkehr

Du greifst in mein Herz –
lenke auch meine Schritte,
zügle auch meine Zunge,
kläre auch meine Gedanken.

Du zeigst mir mich selbst –
dass ich vor mir erschrecke,
dass ich die Schuld bekenne,
dass ich zu Dir mich wende.

Du zeigst mir den Weg –
gib mir den Mut, zu gehen,
führ mich nach Deinem Willen,
tu mir nach Deinem Willen.

Purgatorium

Meine Sünden ziehen Bahnen,
weiter, als ich sehe,
Folgen kann ich kaum erahnen,
bis ich vor Dir stehe.

Jeden werd ich sehen, jeden,
den ich je verletzte,
den mein Gift geschliffner Reden
je ins Unrecht setzte,

Jeden auch, dem ich versagte
seinen Teil der Gaben,
jeden, über den ich klagte,
ohne Grund zu haben,
Jeden, den ich falsch gerichtet,
vorschnell ausgeschlossen,
den mein Leichtsinn hat vernichtet,
dessen Blut geflossen,

Jeden, den ich zwang zu dulden
Worte oder Taten,
Jeden, der durch mein Verschulden
selbst in Schuld geraten...

Herr, ich darf schon heute wissen:
Du wirst mir vergeben.
Doch erst wird mein Herz zerrissen –
und dann kann ich leben.

Syrien
Die UNO zählt die Toten im syrischen Bürgerkrieg nicht mehr.
WDR, 7. Januar 2014

Herr, gib uns Frieden! Lass das erste Land
Der Christen nicht zu einer Wüste werden!
Lass keine bösen Horden, dumpfe Herden
die Stätten schänden, die Dein Geist erfand.

Zeig Wege, klüger als die Drohgebärden
Vollführt von gar nicht starker Menschenhand.
Die fremden Helfer baun auf Wüstensand –
Willst Du nicht, Jesus, Deinen Himmel erden?

Die Toten zählst nur Du. Herr, nimm sie auf!
Und hilf den Lebenden – verlass sie nicht!
Aus der Verstrickung zeig uns Deine Pfade!

Ich bin so ungestört vom Waffenlauf –
Sei mir, sei allen gnädig im Gericht.
Du bist der Herr des Lebens. Du bist Gnade.

Unkraut und Weizen
Mt. 13,24-30

Ihr glaubt im Ernst, Gott wolle euer Schlachten?
Ihr lasst nichts aus an Greuel und Gewalt,
Macht nicht vor Schwangeren und Kindern Halt
Und glaubt, dadurch das Gotteswort zu achten?

Ihr lasst euch filmen, wenn ihr herzenskalt
Voll Hohn posiert vor jenen Umgebrachten,
Die trotz euch, für euch!, beteten und wachten –
Ihr müht euch, dass ihr dem Gericht verfallt!

Ihr kreuzigt, steinigt, köpft, ihr schießt Raketen –
Und wollt ins Paradies für euer Morden,
Verleiht euch selbst noch für das Schänden Orden.

Mein Gott, ich kann für dieses Pack nicht beten,
Kann nicht vergeben, kann und will nicht schlichten.
Vergib mir, Herr. Komm bald, die Welt zu richten.

ISIS
*Wir werden euer Rom erobern, eure Kreuze
zerbrechen, eure Frauen versklaven,
wie es Allah, der Höchste, gestattet.
Abu Mohammad al-Adnani, Sprecher des ISIS,
am 21. September 2014*

Kann sein, daß einst die schwarze Fahne weht,
der Petersdom in Trümmern liegt, verlassen,
daß ihr mit Sklavenhandel füllt die Kassen,
daß Wissenschaft und Kunst durch euch vergeht.

Ihr werdet mordend nicht das Wort erfassen,
das in uns blüht, durch das die Welt besteht.
Wir bleiben treu in Glauben, Tat, Gebet,
und nie erliegt die Kirche eurem Hassen.

Ihr macht euch selber arm und schwach und dumm.
Ihr wollt nur schänden, morden und vertreiben,
zerschlagen, was die Liebe hat erbaut.

Was gut ist in mir, schreit euch zu: Kehrt um!
Bekehrt euch. Denn viel Zeit wird euch nicht bleiben.
Gott richtet euch, wenn sich sonst keiner traut.

Vor dem Angesicht meiner Feinde

Mein Gott, mein Hirt, mein Lebenslicht,
den Tisch willst Du mir decken
vor meiner Feinde Angesicht –
wie soll mir Feindschaft schmecken?

Du füllst den Becher reichlich mir
vor denen, die mich hassen.
Soll ich denn Deine Gaben hier
ganz unversöhnt verprassen?

Gib, dass mit mir an einem Tisch
auch Feinde sitzen wollen
bei Wein und Feigen, Brot und Fisch –
Du gibst ja aus dem Vollen.

Vielleicht gelingts, bei Wein und Brot
die Feindschaft zu begraben.
Vielleicht zeigt uns Dein Morgenrot,
was wir gemeinsam haben.

Du kamst als Sturm

Du kamst nicht wie ein leichtes Säuseln,
Du kamst als Sturm, der meine Knie beugte.
Du kamst – und ich erkannte Dich nicht sicher,
ich fragte, und Du gabst mir keine Antwort.

Du drängtest mich: Bereue, büße, glaube!
Ich fragte Dich: Bist Du es, Herr? Du, Jesus?
Da sagtest Du nicht Ja, nicht Nein – bestürmtest
mein Herz, Dir zu vertrauen und zu glauben.
Wer sonst als Du soll mich vertrauen heißen?

Herr, ich bin schwach und schände Deine Gaben,
bin leicht wie dürres Laub und träg wie Steine
und bitte Dich: Lass tiefer mich bereuen
und lass mich ernster büßen meine Sünden,
und gib, Herr Jesus Christus, dass ich liebe.

Überfall

Herr und Gott, Du hast mich überfallen,
unvermutet, jählings mich begnadet,
mich gerufen, Sicherheit und Ängste
gleichermaßen hinter mir zu lassen,
umzukehren, völlig Dir zu trauen,
meine Eitelkeiten abzulegen.
Gott, ich lege alle meine Sünden,
Laster, Unzulänglichkeiten, Fehler
vor Dich hin – ich habe ja nichts andres.
Führe mich, wohin Du willst, mein Gott,
tu mir, was Du willst, denn ich bin Dein.

Gottesschrecken

Herr, Deine Gnade hat mich fast erschlagen.
Ich fürchte Dich und sehne mich nach Dir
Und fühl mich mehr denn je als Fremdling hier,
In diese Welt verbannt, zugleich getragen.

Nur was ich lassen soll, steht klar vor mir.
Zeig Du mir, was ich soll – ich will es wagen,
Und habe Angst, nur weiter zu versagen.
Gib, dass mein Glaube Tat wird – nicht nur Zier!

Ich hab mich selbst jahrzehntelang betrogen,
Hab Sünden kleingeredet, schöngelogen,
Und wollte glauben, vor Dir gut zu sein.

Dein Zorn, Dein Feuer weckte mein Gewissen.
Mein Herz hast Du gedehnt, gesprengt, zerrissen –
Und füllst es mit Dir selbst in Brot und Wein.

Sakramente

Wandlung

Kein andrer Ton bewegt mein Herz so stark
wie jene Glöckchen bei dem Hochgebet.
Kein Anblick trifft mich mit so großer Wucht
wie Christi Leib und Blut in Priesterhänden.
Die Hostie wird zerbrochen: Todeszeichen –
bei diesem leisen Krachen stockt mein Atem.
Dann tragen meine Füße mich nach vorn
und meine Hände werden Gottes Thron –
hier ist der Herr und will mir innewohnen,
die Weisheit selbst im törichten Geschöpf,
in einem Sünder die Vollkommenheit.

Brot und Wein

Du, im Tabernakel eingeschlossen.
Du, das Brot, millionenfach geteilt.
Du, der Wein im Kelch. Das Blut, vergossen.
Nahrung, die mich tröstet, stärkt und heilt.

Frevler könnten Deinen Leib zerreiben,
und verschütten könnten sie Dein Blut.
Nichts zerstört Dich. Du wirst ewig bleiben,
unvermindert, ungetrübt und gut.

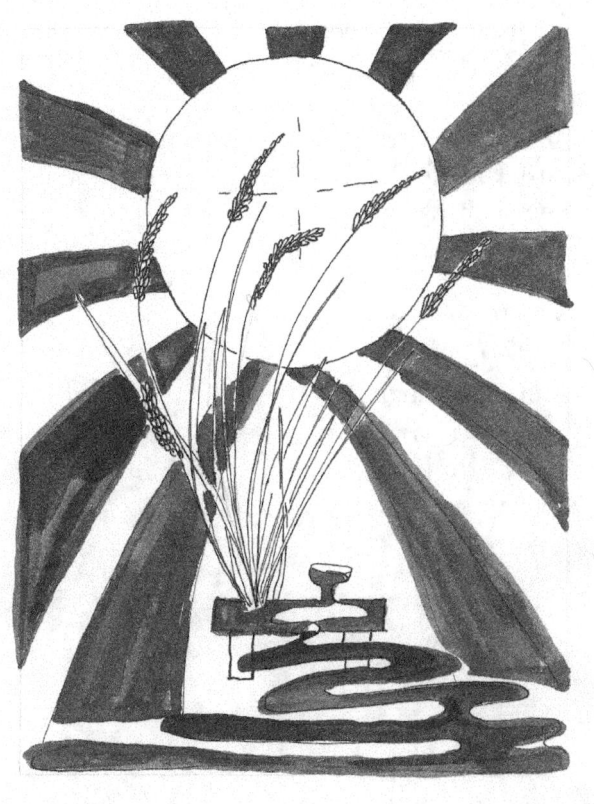

Nach der Beichte

Der den Felsen im Wüstensand
und das Rote Meer hat gespalten -
Er spaltet nicht Kümmel.

Der meines Hauptes Haare zählt
und meines Lebens Tage -
Er zählt keine Erbsen.

Der alle Welt aus Liebe erschuf
und allen die Liebe bietet -
Er ist niemals kleinlich.

Wiederkunft

Zweifel

Ich bin voll Zweifel, Herr, obwohl ich weiß,
Daß Du der Ewige, der Schöpfer bist –
Voll Zweifel, der mir den Verstand zerfrißt,
Auch wenn Du sonnenklar bist, sonnenheiß.

Kann es denn sein, daß Du Dein Volk vergißt?
Kommst Du je wieder in der Treuen Kreis?
Ist denn am Ende Foltertod der Preis,
um den ein Mensch nur sagt: Ich bin ein Christ?

Wir gehen unter, Herr – siehst Du es nicht?
Die ganze Christenheit wird abgeschlachtet,
Die Staaten nehmen ihre Schlächter auf.

Hemmst Du nicht dieser Mörder Schreckenslauf,
bleibt keiner übrig, der Dein Wort beachtet.
Komm, Herr. Die Welt erwartet Dein Gericht.

Wiederkunft

Wenn Du wiederkommst, Jesus,
so kommst Du wohl kaum
in bodenlanger Tunika, nicht
mit so durchsichtig weißer Haut,
so schmachtendem Blick wie auf vielen
nazarenerkitschigen Bildchen.

Wenn Du wiederkommst, Jesus,
so hast Du wohl kaum
ein goldenes Licht am Hinterkopf, nicht
so rubinrot strahlende Wunden,
so fürstliche Zier wie auf vielen
prachtvollen Wandmalereien.

Wenn Du wiederkommst, Jesus,
so wird wohl Dein Kommen
die Menschenherzen berühren, nicht
wie sentimentale Lieder,
doch heiß und hell wie Feuer,
doch klar und frisch wie Wasser.

Jesus Messias

Du bist, der wiederkommen wird in Herrlichkeit.
Du bist das Licht, in Bethlehem erschienen,
Du Schöpfer kamst, um dem Geschöpf zu dienen.
Du führst uns bis zum Ende dieser Zeit.

Du dienst auch jenen, die mit sauren Mienen
Behaupten, Glaube führt zu Krieg und Streit,
Denn Deine Liebe geht unendlich weit.
Hilf uns zu Deinem Reich – und hilf auch ihnen!

So wie die Erde um die Sonne kreist
Kann unser Wissen Dich nie ganz erreichen,
Wir können nur Bekanntem Dich vergleichen.

Wir fassen nicht Dein Reich, so nah es ist.
Errichte Du den Frieden, Jesus Christ!
Messias, komm zu uns, wie Du verheißt!

Parusia

Komm wieder, Herr, den Streit der Welt zu schlichten!
Wenn Du nicht sichtbar alles lenkst und leitest,
wenn Du nicht über sie den Segen breitest,
dann wird die Welt sich selbst zugrunderichten.

Von neuem hat die Welt sich selbst geknechtet,
da Du sie doch von Schuld und Tod befreitest.
Solang Du, Herr, nicht wieder auf ihr schreitest,
bleibt Mensch von Mensch und Macht und Geld
geknechtet.

Noch liegt die ganze Schöpfung in den Wehen.
Willst Du denn die Erlösung nicht vollenden?
Dein Reich, Herr, komme. Lass die Zeit sich wenden.
Komm wieder, Herr, und lass die Welt vergehen.

Unverhüllt

Kommen wirst Du leuchtend auf den Wolken,
richten wirst Du und den Frieden bringen,
wenn Du wiederkommst in Herrlichkeit.

Leiblich bist Du überall in Kirchen,
überall, wo sich vollzieht die Wandlung -
noch verhüllt, auch wenn Du wiederkommst.

Wirst Du blühen aus dem Tabernakel,
aus dem Kelch als Licht und Quelle fließen,
wenn Du wiederkommst in Herrlichkeit?

Wo Du längst schon bist, dort wirst Du kommen,
Wein und Brot und menschliche Gestalt,
Du in Brot und Wein und unverhüllt.

Dieses Brot wird jeden Hunger stillen,
dieser Wein wird jeden Kummer stillen,
wenn Du wiederkommst in Herrlichkeit.

Advent 2014

Herr, die Welt will nicht mehr leben,
schafft sich selber Tod um Tod,
will mit Blut den Geist verkleben,
will dem Teufel sich ergeben,
stiehlt sich selbst so Herz wie Brot.

Herr der Welten - sind die Zeichen
dieser irren harten Zeit
nicht von Dir? In allen Reichen
schreien der Gerechten Leichen
zu Dir auf - und Du bist weit.

Herr, die Welt kann nicht mehr warten,
wartest Du, zerfällt sie ganz!
Herr, bedenk, wie lang wir harrten
auf Dein Mahl, auf Deinen Garten -
Führe Du den Hochzeitstanz!

Christus, komm doch in Dein Eigen!
Halte Du das Endgericht,
daß die Waffen endlich schweigen,
daß sich alle vor Dir neigen.
Führ uns in des Vaters Licht.

www.ingramcontent.com/pod-product-compliance
Lightning Source LLC
Chambersburg PA
CBHW050109230526
45470CB00004B/1750